立脇和夫
Kazuo Tatewaki

HSBCの挑戦
HSBC's Challenge

蒼天社出版

はしがき

最近、成田やロンドン・ヒースロー空港など内外の空港で、ヘキサゴン（六角形）のロゴマーク付の「ＨＳＢＣ」の広告をしばしば目にする。このＨＳＢＣとは、香港上海銀行（本店香港）を中核とする一大金融コングロマリット〝ＨＳＢＣグループ〟のことであり、持株会社ＨＳＢＣホールディングス（本社ロンドン）傘下の金融企業集団を表わしている。

少し年輩の読者なら、香港上海銀行（以下ＨＳＢＣ）といえば、香港を拠点とする英系植民地銀行、というイメージが強いと思われる。ＨＳＢＣは一八六五年の創立以来、長い間かたくなに保守的な健全経営を続けていたが、およそ一〇〇年たった一九六〇年頃から数々の買収を重ね、ＨＳＢＣグループの総資産は、過去四半世紀に、世界七六位から四位へ上昇（自己資本では三位）、首位シティグループに迫る勢いである。

ＨＳＢＣグループは戦後銀行買収を重ねて世界第三の金融グループに成長したが、このまま拡大を続ければ世界一は時間の問題であろう。しかも、ＨＳＢＣ本体は被買収銀行とはほとんど合併しないで、それぞれグループ内の別銀行として存続させている。そのためか、ＨＳＢＣ

本体は、創立以来、その商号も、英文の語尾のわずかな変更を除けば、ほとんど変わっていない。商業銀行ではこうした例は珍しい。

ＨＳＢＣグループの海外拠点は、今では欧州、アジア・大洋州、北米、中南米、中東、アフリカの七七カ国・地域にわたり九、七〇〇〇カ所にのぼる（viページのＨＳＢＣの国際的ネットワーク参照）。ＨＳＢＣグループの役職員数は二五万三、〇〇〇人、顧客数は一億一、〇〇〇万人を超えている。また、ＨＳＢＣホールディングスの株式はロンドン、ニューヨーク、パリ、香港、バミューダの証券取引所に上場されており、約二〇万人の株主に保有されている。

ＨＳＢＣは、日本に進出している外国銀行（二〇〇五年七月現在七〇行）のなかで最古参である。ＨＳＢＣは一八六六（慶応二）年に横浜支店を開設して以来、第二次世界大戦中の中断はあったものの、連綿として在日支店を維持しているのである。しかも、同行は一九九八年、東京日本橋に自前の一〇階建ビルを新築し、ＨＳＢＣグループ傘下の銀行、証券、投信会社などのオフィスを統合している。独自のビルを持つ外銀は他に例をみない。

ＨＳＢＣは、このように注目すべき銀行であるが、同行に関して日本ではいまだまとまった本は出版されていない。本書はもとより専門書とは程遠い小冊子であるが、創立から今日に至るまでの発展の原動力を歴史的に解明しようと試みたものであり、今後のＨＳＢＣの動向を知るうえで、参考になれば幸いである。なお本書の構成は目次に示したように第一―三章はHSBCグループ全体に関するものであるが、第四、五章は日本との関連を考察したものである。

最後に、本書の出版の経緯について一言ふれておきたい。本書は著者が自発的に執筆したもので、HSBCグループの委託や意向をうけたものではない。したがって本書の記述はすべて著者自身の見解であり、文責は著者にある。ただ、諸般の事情から本書の出版が難航していた折、今年がちょうどHSBCの日本進出後一四〇周年の節目に当たっていたため、その記念行事の一環として、本書の出版にご支援を賜ることになった。記して感謝の意を表したい。

また、拙著『外国銀行と日本』(二〇〇四年)に続いて、本書の編集・出版の労をとっていただいた蒼天社出版代表取締役の上野教信氏に衷心より御礼を申し上げたい。

二〇〇六年四月

著　者

目次

●装幀 奥定泰之
カバー――写真の提供は、ＨＳＢＣホールディングスｐｌｃ（ＨＳＢＣグループ・アーカイブ）

HSBCの国際的ネットワーク

提供：HSBC ホールディングス plc

第一章　ＨＳＢＣの創立と発展

1　ＨＳＢＣグループとは

香港上海銀行（以下ＨＳＢＣ）の歴史と遺産は、世界のトップクラスの金融機関のなかでも異彩を放つ存在である。一九世紀半ば中国大陸沿岸の英国商人たちが中心となって、清国と欧州や北米との間の貿易にファイナンスすることを目的として香港に設立されたＨＳＢＣは、設立当初から、アジアの主要な金融機関として機能してきた。今日、ＨＳＢＣを中核メンバーとするＨＳＢＣグループは、世界の最大級の銀行・金融企業集団の一つとなっている。

その創立から一九五〇年代半ばまで、ＨＳＢＣは、基本的には支店や代理店の増設によって拡大してきた。しかし、五〇年代末からは多角化と拡大により、いずこの顧客にもサービスの

表１　資本規模上位10グループの主要指標（2004年末または同年度末）

金融グループ	基幹資本(Tier 1)	資産収益率(ROA)	資本収益率(ROE)	BIS自己資本比率	不良債権比率
	(100万米ドル)	(%)	(%)	(%)	(%)
シティグループ	74,415	1.63	34.2	11.85	2.06
JPモルガン・チェース	68,621	0.54	11.1	12.23	0.78
HSBCホールディングス	67,259	1.38	28.8	12.00	1.94
バンク・オブ・アメリカ	64,281	1.91	39.2	11.63	0.47
クレディ・アグリコール	63,422	0.84	16.9	10.40	4.10
ロイヤル・スコットランド	43,828	1.19	32.9	11.66	1.58
三菱東京フィナンシャル	39,932	0.62	16.1	11.76	2.66
みずほフィナンシャル	38,864	0.68	23.2	11.91	2.44
HBOS	36,587	1.17	26.0	11.80	n. a.
BNPパリバ	35,685	0.84	29.2	11.30	4.49

出典：*The Banker*, July 2005.

提供ができるような世界規模のグループ構築をめざして、主として子会社の設立あるいは既存銀行の買収の形で進んできた。なかでも、一九九二年の英本国ミッドランド銀行買収は、銀行史上最大級のものであり、これによってＨＳＢＣグループは、世界の巨大金融グループの仲間入りを果たした。その後もＨＳＢＣグループはその地理的範囲を広げ、世界の銀行・金融分野においてそのユニークな立場を強化した。

二〇〇四年末現在、ＨＳＢＣ

グループは総資産一兆二、七六八億米ドル（九兆九、二四四億香港ドル＝六、六〇一億英ポンド）を擁し、七七の国と地域に九、七〇〇を超える店舗網をもち、二五万人を超える職員を雇用し、アジア・大洋州、欧州、米州、中東及びアフリカで業務を展開している。HSBCの持株会社HSBCホールディングス（一九九一年設立）は、ロンドン、香港、ニューヨーク、パリ、バミューダの証券取引所に上場され、世界の一〇〇カ国・地域の約二〇万人の株主によって保有されている。

HSBCグループは巨大な組織である。二〇〇四年末現在の総資産は世界四位であるが基幹資本は六七二億米ドル余でシティグループ、JPモルガン・チェースに次いで第三位となっている（表1参照）。

ダイナミックなアジア経済――それは、過去三〇年間に目覚ましい発展を遂げ、世界の他地域に活力を与える〝発電所〟に転化しつつある――は、〝旗艦〟HSBC及びその関連会社を通じて、HSBCグループの重要な市場として存続している。香港でウェイフーン（滙豊）――中国語で富の中心あるいは潤沢な為替を意味する――と呼ばれるように、HSBCは香港で設立された銀行では最大であり、香港の発券銀行三行のなかで、発行シェアは六二・九％を超えている。

2　発祥地は英領植民地「香港」

ＨＳＢＣ（香港では、香港上海滙豊銀行とも記す）は香港在留の英国商人が中心となって、一八六五年に香港で設立された。

香港（旧英領直轄植民地、現中華人民共和国香港特別行政区）は香港島、九龍、新界の三地区からなる。香港島は一八四一年に第一次アヘン戦争で英軍が占領し、一八四二年に南京条約を結んで清国から割譲させたものである。次いで一八六〇年第二次アヘン戦争後の北京条約で九龍（九龍半島）を割譲させた。さらに、一八九八年、英国は新界（九龍半島の後背地。ただし深圳河以北）を清国から九九年間租借する契約を締結したのである。それから九九年後に当る一九九七年七月、香港は中国へ返還され、香港特別行政区となったが、五〇年間は資本主義体制を維持することが約束されている。一国二制度という、歴史上珍しい体制である。香港の通貨、香港ドルもこの間存続が認められる。

天然の良港に恵まれた香港は仲継貿易港として栄え、一八六〇年代初期に、清国沿岸で活動していた欧米の貿易商人たちは有名なクリッパー船（大型快速船）で運ばれる茶、アヘン、絹

表2　欧州系銀行の東洋進出状況（1864年当時）

銀行名	設立年	本店所在地	支店開設年次			
			香港	上海	シンガポール	横浜
オリエンタル銀行	1842	ロンドン	1845	1847	1846	1864
アグラ&ユナイテッド・サービス銀行	1833	ロンドン	1856	1858	—	—
チャータード・マーカンタイル銀行	1853	ロンドン	1857	1854	1855	1863
チャータード銀行	1853	ロンドン	1859	1858	1859	—
コマーシャル・バンク・オブ・インディア	1845	ボンベイ	1860	1855	1864	1863
セントラル・バンク・オブ・W.インディア	1861	ボンベイ	1861	1861	—	1863
バンク・オブ・ヒンダスタン	1862	ロンドン	1863	1863	1864	—
コントワール・デスコント・ド・パリ	1848	パリ	1863	1860	—	—

資料：石井寛治「イギリス植民地銀行群の再編」（『経済学論集』第45巻、第1号・第3号）1979年4月・10月から作成。

などの貿易で大きな利益をあげ、この高利潤の貿易業務のさらなる拡大に意欲を燃やしていた。しかし、当時は、香港の地場金融市場は未だ発展の初期段階にあった。

一八四一年に香港植民地が発足した後、数年間は銀行はなく、貿易その他の取引はほとんど大手貿易商社自身によってファイナンスされていた。しかしながら、一八六〇年代半ばにはロンドンやインドに拠点をおく、いわゆる〝アングロ・インディアン銀行〟数行が香港へ進出して来た（表2参照）。これらの支店は、香港に対する知識も利害も乏しい海外の取締役によって指揮されており、地元のビジネス・リーダーたちの間には、自分たちの利益のためには自分たちが出資し、管理運営する銀行が必要である、との認識が広まってきた。

行動を起こすきっかけとなったのはインドの金融中心地ボンベイの金融業者たちが、まもなく英国で勅許（チャーター）を得て彼ら独自の「バンク・オブ・チャイナ」をインドに設立するとのニュースが香港へ伝えられたときだった。一八六四年初めのことである。この計画では、肝心の清国沿岸の関係業界への株式の割当はほんのわずかしかなかった。このニュースは、P&O汽船会社の香港支配人トーマス・サザーランドを動かした。彼は後に、同社会長、英国下院議員、それにいみじくも、ミッドランド銀行の取締役にもなった人物である。

サザーランドは、スコットランドの銀行業に関する文献を調べ、それを参考にして、〝スコットランド流健全銀行主義〟にもとづいて経営される金融機関の設立趣意書草案を一夜で書き上げた。翌日、彼はそれをもって、法律顧問、E・H・ポラードを訪ね、彼の協力を求めた。数日後、設立準備委員会が結成された。その数週間後にボンベイから「バンク・オブ・チャイナ」の発起人代表が香港に到着したときには、株式の応募者も、取締役を引きうける人もいなかった。

HSBC設立準備委員会の委員長には、サザーランドの推薦で、著名な貿易商社、デント商会のチーフ・パートナーのジョン・デントがつき、委員には香港の主要な国際ビジネスマンたちが選ばれた。その顔ぶれは、国際色豊かで、英国人ばかりではなかった。構成メンバーは、米国、英国、北欧の商人、ボンベイを拠点とするデビット・サッスーン商会、インドの貿易商社を代表するパーシー教徒二人も含まれていた。奇妙なことに有力商社ジャーディン・マセソン商会と米系ラッセル商会は参加しなかった。ただし、両商会とも後に再考した結果、取締役会に参画することとなる。

ＨＳＢＣ設立準備委員会は、一八六四年七月、設立趣意書を発表した。それによれば、ＨＳＢＣの資本金は五〇〇万香港ドル（正確には一八九四年以前はメキシコ・ドル）で、これを二万株に分け、一株が二五〇香港ドルとされた（後に、株数四万株、一株一二五香港ドルに変更）。ＨＳＢＣの発行する新株に対する応募者は、同年一一月末までに募集株数の一・七倍に達した。

一八六五年三月、ＨＳＢＣが設立され、設立準備委員会メンバーは、そのままＨＳＢＣ取締役会メンバー（取締役）へ移行した。取締役会メンバーは、おもに英系有力商社の代表者たちで構成されていた。当初専任の取締役がいないため、経営の成否は頭取（Chief Manager）の手腕に大きく依存していた。初代頭取には、元パリ割引銀行香港支店長ビクター・クレッサーが任命され、また、ロンドン支店長には元ジルマン商会パートナーのＷ・Ｈ・バッカーが採用された。ロンドンの取引先銀行にはロンドン・アンド・ウェストミンスター銀行が選ばれた。

本店は香港

ＨＳＢＣは、一八六五年三月三日、香港本店で開業し、一カ月後の四月三日上海支店（支店長デビッド・マクレーン）が開設された。そして、七月にはロンドン支店が開設される。このほかロンドンには、諮問委員会が設置された。

香港の本店は、香港島のクイーンズ街一番地に設けられた。今日まで、ＨＳＢＣの本店ビルディングの所在地とアドレスは変わっていない。

ＨＳＢＣ創立の最初の社会的反応はきわめて良好で、外国人商人のみならず、地元の実業家や清国人社会との商取引を仲介する有力な清国人コンプラドールの受けもよかった。

しかし、銀行の開業時期は不運であった。一八六五―六六年には、英オーバーレンド・ガーニー商会の破綻にはじまる世界的な金融恐慌が襲ってきたからである。しかしながら、これに災されるどころか、新銀行は、破綻した銀行からスタッフや貴重な取引先を獲得することができた。創立時の取締役の何人かは不遇であった。しかも、一八六七年のデント商会の破綻は、銀行が一社への過度の依存から脱却する必要性を認識させ、かつ広範囲にわたる顧客と取引するために、独立した経営管理の方針に道筋をつけることとなった。

ＨＳＢＣ創立者たちが最初に遭遇した問題は、法人化の方法であった。当時、有限責任の植民地銀行の設立には、原則として植民地銀行規制に則した勅許状によるか、あるいは英国の銀行規制にしたがう必要があった。前者の場合、銀行券発行の特権と政府公金の取扱いが認められた。

いずれの場合でも、取締役会及び実際の本店を英国におかなければならず、それでは、香港に本拠をおく銀行という当初の方針に反するものであった。しかしながら、英本国へ陳情した結果、大蔵省は植民地銀行規制に則した植民地条例による設立に特別に同意した。

かくて、ＨＳＢＣはまず香港の会社条例に基づいて、The Hongkong and Shanghae Banking Company Limitedとして設立された。次いで一八六六年、香港上海銀行条例（Ordinance No. 5

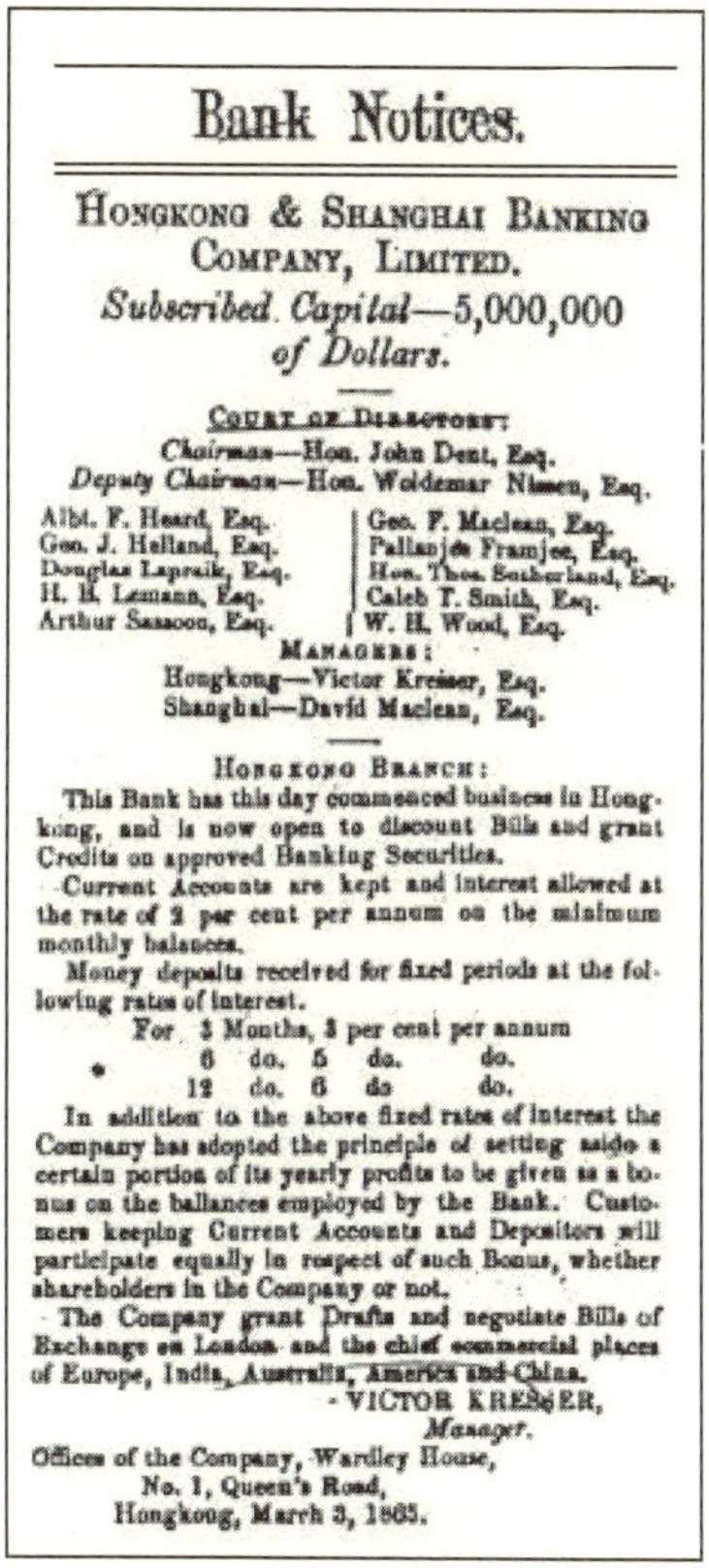

Bank Notices.

HONGKONG & SHANGHAI BANKING COMPANY, LIMITED.
Subscribed Capital—5,000,000 *of Dollars.*

COURT OF DIRECTORS:
Chairman—Hon. John Dent, Esq.
Deputy Chairman—Hon. Woldemar Nissen, Esq.

Albt. F. Heard, Esq.	Geo. F. Maclean, Esq.
Geo. J. Helland, Esq.	Pallanjee Framjee, Esq.
Douglas Lapraik, Esq.	Hon. Thos. Sutherland, Esq.
H. H. Lemann, Esq.	Caleb T. Smith, Esq.
Arthur Sassoon, Esq.	W. H. Wood, Esq.

MANAGERS:
Hongkong—Victor Kresser, Esq.
Shanghai—David Maclean, Esq.

HONGKONG BRANCH:
This Bank has this day commenced business in Hongkong, and is now open to discount Bills and grant Credits on approved Banking Securities.
Current Accounts are kept and interest allowed at the rate of 2 per cent per annum on the minimum monthly balances.
Money deposits received for fixed periods at the following rates of interest.
For 3 Months, 3 per cent per annum
6 do. 5 do. do.
12 do. 6 do do.
In addition to the above fixed rates of interest the Company has adopted the principle of setting aside a certain portion of its yearly profits to be given as a bonus on the ballances employed by the Bank. Customers keeping Current Accounts and Depositors will participate equally in respect of such Bonus, whether shareholders in the Company or not.
The Company grant Drafts and negotiate Bills of Exchange on London and the chief commercial places of Europe, India, Australia, America and China.
VICTOR KRESSER,
Manager.
Offices of the Company, Wardley House,
No. 1, Queen's Road,
Hongkong, March 3, 1865.

❶HSBC本店の開業広告

出典：*The Hongkong Mercury and Shipping Gazette.* March 3, 1865.

of 1866；The Hongkong and Shanghae Bank Ordinance）が公布され、これに伴って、一八六六年一二月、HSBCは法人化され、商号もThe Hongkong and Shanghai Banking Corporation（条例中の文言はThe Hongkong and Shanghae Banking Corporation）と改められた。

HSBCは、本国政府の同意の下に、ロンドン、インド、ペナン、シンガポール、清国、日本に支店を開設し、払込資本金を限度とする銀行券の発行が認められた。株主の責任は株式額面（一二五香港ドル）の二倍までであるが、銀行券に関しては無限責任が規定された（株主の倍額責任条項は一九五七年に廃止）。

HSBCは、その後、一九八九年まで、法的性格はほとんど変わらなかった。しかし、同年

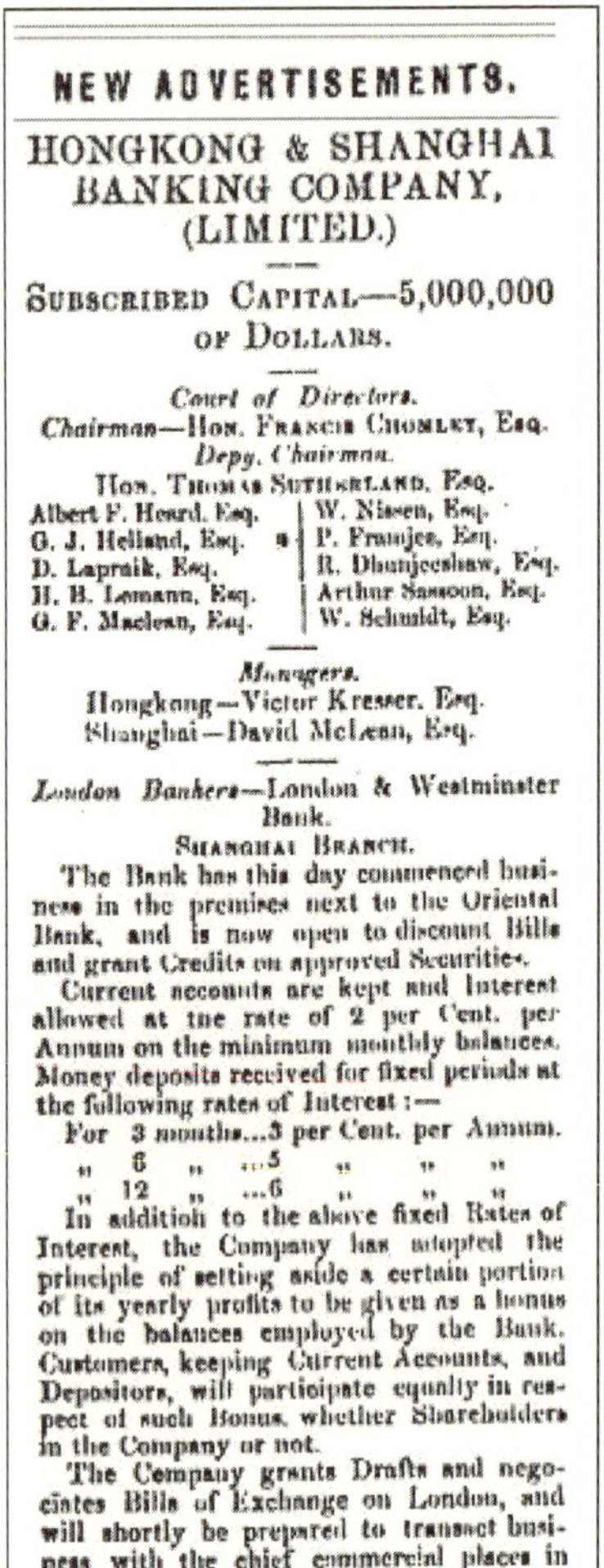

NEW ADVERTISEMENTS.

HONGKONG & SHANGHAI BANKING COMPANY, (LIMITED.)

SUBSCRIBED CAPITAL—5,000,000 OF DOLLARS.

Court of Directors.
Chairman—HON. FRANCIS CHOMLEY, Esq.
Depy. Chairman.
HON. THOMAS SUTHERLAND, Esq.

Albert F. Heard, Esq.	W. Nissen, Esq.
G. J. Helland, Esq.	P. Framjee, Esq.
D. Lapraik, Esq.	R. Dhunjeeshaw, Esq.
H. B. Lemann, Esq.	Arthur Sassoon, Esq.
G. F. Maclean, Esq.	W. Schmidt, Esq.

Managers.
Hongkong—Victor Kresser, Esq.
Shanghai—David McLean, Esq.

London Bankers—London & Westminster Bank.

SHANGHAI BRANCH.

The Bank has this day commenced business in the premises next to the Oriental Bank, and is now open to discount Bills and grant Credits on approved Securities.

Current accounts are kept and Interest allowed at the rate of 2 per Cent. per Annum on the minimum monthly balances. Money deposits received for fixed periods at the following rates of Interest:—

For 3 months...3 per Cent. per Annum.
„ 6 „ ...5 „ „ „
„ 12 „ ...6 „ „ „

In addition to the above fixed Rates of Interest, the Company has adopted the principle of setting aside a certain portion of its yearly profits to be given as a bonus on the balances employed by the Bank. Customers, keeping Current Accounts, and Depositors, will participate equally in respect of such Bonus, whether Shareholders in the Company or not.

The Company grants Drafts and negociates Bills of Exchange on London, and will shortly be prepared to transact business with the chief commercial places in India, Australia, America, China & Japan.

D. McLEAN,
Manager.

tf 3044 Shanghai, 3rd April, 1865.

❷HSBC上海支店の開業広告

出典：*The North-China Herald*, April 15, 1865.

一〇月に、ＨＳＢＣは、地元の慣行に合致させるため、香港会社条例に基づいて再登録され、名称も、The Hongkong and Shanghai Banking Corporation Limited と改められた。これに関しては後に改めて詳述する。

3　草創期の海外拠点

一八六五年春の香港本店及び上海支店開業に続いて、夏にロンドン支店が開設された。その後二、三年間に世界各地に支店や代理店網が構築された。この店舗展開は、基本的には清国及び極東に重点をおくものであったが、また、欧州、米国、及びインドの主要な金融及び商業中心地にも拠点を設けようとするものであった。支店を開設したアジアの多くの都市において、HSBCは、近代的な西洋式銀行業務を導入した最初の銀行として、パイオニアの役割を果たした。タイにおいてはHSBCは最初の銀行であり、最初の発券銀行であった。

最初から、貿易金融は主要業務であり、この分野におけるHSBCの経験は今日まで広く認められている。しかし、銀塊の扱いなど初期に行なっていた他の業務は絶えて久しい。

HSBCは、前述のように一八六五年に上海及びロンドンに支店を開設したが、同年中に代理店をボンベイ、カルカッタ、シンガポール、マニラ、福州、厦門、汕頭、寧波、鎮江、漢口、横浜に開設した。

一八六六年、オーバーレンド・ガーニー恐慌によってインド、清国、日本などへ進出していた多くの植民地銀行が破綻し、生き残った有力銀行も業務の縮小を余儀なくされるなかで、新参のＨＳＢＣは、逐年その業容を拡大していった。

しかし、ロンドンで発生した金融恐慌がボンベイにも波及したため、ＨＳＢＣは、インド進出は一時見合わせつつ、支店を一八六六年五月横浜、六八年漢口に開設したのである。

一八六七年六月には、同行設立の中心であったデント商会の破綻によってかなりの損失を被ったが、ＨＳＢＣはオリエンタル銀行などが六七年中に企てた為替手形期限の短縮協定には加わらず、六カ月手形の売買を続けた結果、為替業務の拡大に成功した。

ＨＳＢＣは、東洋では一八七〇年代には六支店（神戸、サイゴン、厦門、マニラ、シンガポール、福州）、続いて、八〇年代にも六支店（天津、イロイロ、バタビヤ、スラバヤ、北京、バンコク）を開設した。バタビヤ（現ジャカルタ）とスラバヤはジャワ島産砂糖の香港向け輸出に対する金融を、また、バンコク支店はタイの米穀取引への融資の開拓を意図したものであった。このようにＨＳＢＣの東南アジア各地への支店開設は積極的ではあったが、そうしたなかにあっても、清国貿易とのつながりを重視していた。

ＨＳＢＣのアジア地域の支店網は、一九世紀末には、フィリピン、シンガポール、インド、ビルマ、タイ、マレー半島、セイロン、及びベトナムに及んでいた。

東洋におけるネットワークの拡大とともにHSBCはアジアをこえて、欧州や米州にも拠点を築いた。ロンドンのほか、サンフランシスコ（一八七五年）、ニューヨーク（一八八〇年）、リヨン（一八八一年）及びハンブルク（一八八九年）にも支店を設けたのである。

北米のサンフランシスコ、ニューヨーク両支店は、一九〇二年にチャータード銀行が進出するまで、北米、東洋間の外国為替を独占的に扱っていた。

業務の中心は外国為替

HSBCの主要業務は、他の植民地銀行と同様に、為替業務であったが、同時に預金・貸出業務にも力を入れ、他の銀行に比べて預金者を優遇していた。

当時、預金は、当座預金と定期預金が主であった。当座預金は通常無利子であるが、HSBCは二％の金利を付けていた（開業広告参照）。定期預金には三カ月もの三％、六カ月もの五％、一年もの六％の金利を支払った。そのうえ、HSBCは全預金者に対して、毎年純利益の一定割合をボーナスとして支払っていたのである。

また、HSBCは貸出業務にも力を入れ、一八六〇年代末から清国の金融業者に短期貸付けを始めており、資金運用に占める貸出（割引及び貸付）の比率は、七〇年代の二〇％台から九〇年代には四〇%台まで上昇し、為替業務を上回る収益を上げるまでになっていた。しかし、それだけに焦げつきによる損失発生のリスクも大きく、一八七四年に苦い経験をする。

創業期においては、問題が多々発生した。HSBCは、地元のドック建設、砂糖製精、洋酒醸造など多数の投資プロジェクトにあまりにも深く関与し、それらの多くが失敗した。その結果、一八七三年末に一〇〇万香港ドルに達していた剰余金は七五年末には一〇万香港ドルに減少した。取締役たちは責任をとって辞任し、一時期、取締役会会長はドイツ人、副会長は米国人で、英国人取締役は皆無という状態であった。

この危機を克服できたのは香港の貿易が回復したことにもよるが、トーマス・ジャクソン頭取(一八七六—七八年、九〇年、九三—一九〇二年在任)による、保守的な貸倒償却方針及び貿易に対する新しい見通しによるところが大であった。その結果、HSBCは東洋における最も有力な銀行となったのである。

一八七六年から一九〇二年までは、ジャクソンのパーソナリティで色どられた。この間、ジャクソンは二度HSBCの経営を他の人に委ねた。しかし、その都度、問題が起こって、彼は呼び戻された。彼が最終的に退任したとき、銀行の払込資本は一、〇〇〇万香港ドル、公表準備金一、四二五万香港ドルのほか非公開準備金は一、〇〇〇万香港ドル(推定)に達していた。

ジャクソン時代のHSBCの発展は、多分に、ポンド建業務のファイナンスにはポンド資金を調達し、東洋では銀資金を利用することによって為替リスクの最小化を図る、という貿易金融関連の為替リスク回避策を反映したものであった。このような堅実な方法にもかかわらず、この時期の激しい景気変動と一部の取引先の問題は、しばしば、HSBCを支払い不能の淵にまで追いつめた。

HSBCの草創期には、経営組織も改善された。とくに、為替相場と銀行の銀貨ポジションの重要性は取締役の間に利益相反をもたらし、商人として内部情報から利益を得ることができた。そのために、彼らは非常勤となり、職員が銀行の経営を担当し、頭取が純利益の一定割合を受け取ることとなったのである。

もともとHSBCは、香港を拠点とする英系商社を中心に設立されていたため、有力取引先を確保するうえで有利な立場にあったが、加えて、当初設立に参加しなかった有力英商ジャーディン・マセソン商会が七〇年代半ばに方針を転換してHSBC取締役会に加ったことは同行にとって追い風となった。両者は為替取引の面で緊密な関係をもっただけでなく、清国への投資活動についても次第に連係を強め、一八九八年に英中公司の設立へと進んでいくのである。

政府関連業務

商業銀行業務の拡大と並行して、ＨＳＢＣは、他の領域、とくに政府に対する金融サービスでも独自性を発揮した。

開業から数カ月後に、ＨＳＢＣは香港政庁に対する小規模の融資を行ない、香港造幣局の建設に貢献した。一八八〇年までに、ＨＳＢＣは今日も維持されている「香港政庁の銀行」としての地位を獲得するのに成功した。また、公開入札により、清国だけでなく、部分的には海峡植民地（ペナンとシンガポール）でも、英国公金（英帝国陸海軍及び海外関連）業務を獲得した。

銀行券発行ではおもに香港と海峡植民地を中心に高い信認を得た。これは、ＨＳＢＣ自身の社会的信認の表われであった。銀行券は当時法貨ではなかったからである。

さまざまな面で、ＨＳＢＣの職員は、海峡植民地、タイ、フィリピン、清国及び朝鮮半島で、幣制改革や銀行券発行に関してアドバイスを求められた。

しかしながら、ＨＳＢＣが、初めて広範囲にわたり国際的信認を得たのは、対清国融資の分野であった。主要支店、とくに、コンプラドールが強い影響力をもっていた北京及び天津支店を通じて、ＨＳＢＣは、地元の官僚とすばらしい関係を構築し、さまざまなプロジェクトに各種のファシリティを供与した。

表３　1874−1911年間の対清借款

年次	公債・借款名	金　額	期間	年利	備考
1874	福建台防借款	200万両（£627,615）	年 10	% 8	
1877 −81	第4回−第6回 西征借款	1,075万両（£3,208,552）	6−7	8−10	
1879	七分利付借款	1,615万元（£3,488,400）	n.a.	7	
1884	銀借款	300万両	3	8	
1885	金借款	£2,255,000	10	6−7	
1894	滙豊銀借款	1,000万両（£1,635,000）	10	7	
1895	〃 金借款	300万ポンド	15	6	
1896 −98	第1次・第2次 英独借款 日清戦後借款	3,200万ポンド	7	4.5−5	HSBC分 3,660万ポンド
1898 −1911	鉄道借款(7件)	5,400万ポンド 2,190万ポンド	n.a. n.a.	n.a. 5	
1905	団匪事件借款	100万ポンド		5	
1910 −11	地方借款	650万両			HSBC分 200万両
1913	五カ国借款	2,500万ポンド		5	

資料：朝鮮銀行調査室『海外銀行一斑』1921年。
石井寛治『近代日本金融史序説』東京大学出版会、1999年。

ＨＳＢＣの清国関係業務の柱は清国向けの政治借款であり、これによって、巨額の収益を上げることとなる。対清借款は一八七四年の福建台防借款二〇〇万両（六二万七、六一五ポンド、年利八%、期間一〇年）に始まり、七七年第四回西征借款五〇〇万両（年利一〇%、期間七年）、七八年第五回西征借款一七五万両（一〇%、六年）、八一年第六回西征借款四〇〇万両（八%、六年）と続くのである。さらに、八四年に三〇〇万両銀借款（八%、三年）、八五年に二二五万ポンド（六・五%、一〇年）の金借款を供与している（表3参照）。

対清借款は東洋では銀貨建てで、また一部はロンドンでポンド建てで供与された。

これら初期の多数の借款は、日清戦争に備える国土防衛や国内紛争の填圧等へのファイナンスなど非生産的な目的の資金調達であった。そのうち、最長のものは、一八九五年の金借款三〇〇万ポンド（一五年）であった。しかしながら、その後の大量の借款は、主要なインフラ整備のものであり、最も著名なものは鉄道建設であったが、運輸や炭鉱開発などにも充当された。

ＨＳＢＣの対清ビジネスの成功は、同国への物理的進出及び本店が東洋にあることが大いに影響していた。これは、清国のニーズを正しく理解し、それを清国沿岸やロンドンの市場が受け入れ可能なオファーに転換する能力を身につけるのに役立った。

一九一〇年までに、交渉技術とロンドン支店長チャールス・アディスの尽力により、ＨＳＢＣは、対清多国籍コンソーシアムの幹事銀行となり、英国系銀行の決済幹事になっていた。

以上のように業務面では、為替、預金、貸出、借款という四本柱で進められた。このため、創業以来、一八七四年を唯一の例外として、毎年配当を続けながらも、一九〇〇年には、一、二〇〇万香港ドルの積立金を蓄積している。

一九世紀の後半から二〇世紀初頭にかけてＨＳＢＣは国際的評価を高めたが、その多くは対政府借款の成果によるものである。一八八〇年代には香港政庁の銀行としての機能を果たし、清国や日本、ペナン、シンガポールでは英国政府の口座を単独または共同で管理し、紙幣の発行業務でも大いに貢献したのである。

一九世紀における国際銀行業務は大きな革新とリスクをともなうものであった。一八七〇年代初め、HSBCは現地の工業ベンチャー企業数社への過大な融資などで失敗を経験したが、一八七〇年代の半ばからは再び貿易金融に焦点を絞り、一八七六年から一九〇二年の間に、頭取を三度務めたトーマス・ジャクソンは卓越したリーダーシップを発揮して、HSBCをアジア随一の金融機関に成長させたのである。

ジャクソンとその後継者は、有能な役職員に支えられて、HSBCを大きく発展させた。幹部の多くはもともとイングランドやスコットランドの銀行でキャリアを積んだ人達であり、しかも、アジアに赴任する前にロンドンで特別の研修をうけていた。高い経営能力をもつHSBCの幹部は、困難な条件の下でも、慎重な判断によって銀行業務を遂行することができたのである。

一九〇〇年以降も支店の開設は続く。すなわち、一九〇〇年代に三カ店（広東、マラッカ、イポー）、一九一〇年代に六カ店（芝罘、ジョホール、クアラルンプール、青島、ハルビン、大連）、二〇年代五カ店（ハイフォン、マラヤ、東京、奉天、九龍）、そして三〇年代に二カ店（ムーアル、汕頭）

を設けた。しかし、戦前においては、各地に支店は設けたものの、子会社を設立したり、既存銀行を買収することはなかった。

表4　HSBCの財務指標（1900年まで）

年末	資産・負債計	払込資本金	積立金	配当（率）
	（メキシコドル）	（1,000ドル）	（1,000ドル）	
1865	13,396,655	2,500	−	6.7%
66	15,326,147	2,885	100	10
67	20,959,243	3,000	250	12
68	21,450,268	〃	500	12
69	28,069,497	3,500	700	12
1870	38,052,538	4,000	800	10
71	40,503,728	4,500	900	12
72	53,673,324	5,000	1,000	12
73	51,139,522	〃	1,000	10
74	42,909,062	〃	775	−
75	34,634,364	〃	100	3
76	43,288,020	〃	200	£2.
77	52,711,166	〃	650	£2.
78	53,421,325	〃	1,200	£2.
79	52,134,234	〃	1,400	£2.
1880	48,009,415	〃	1,600	£2-15s.
81	58,226,378	〃	1,900	£3-10s.
82	68,592,380	〃	2,350	£4.
83	77,597,893	7,074	2,700	£4.
84	85,652,825	7,500	4,800	£4.
85	104,798,836	〃	5,000	£4-10s.
86	104,843,030	〃	4,700	£3-10s.
87	105,949,403	〃	3,900	£3.
88	114,637,979	〃	4,000	£3.
89	125,898,920	〃	4,400	£3-10s.
1890	149,686,476	9,297	6,506	£5.10s.
91	153,754,135	10,000	6,300	£3.
92	129,489,747	〃	3,300	£2.
93	133,994,185	〃	3,900	£2.
94	153,166,387	〃	4,500	£2-10s.
95	187,148,406	〃	5,500	£2-10s.
96	184,118,801	〃	6,000	£2-10s.
97	169,365,288	〃	7,000	£2-10s.
98	181,755,156	〃	9,000	£3-15s.
99	208,294,919	〃	11,000	£3-10s.
1900	211,457,722	〃	12,000	£3-10s.

原資料：*The Bankers' Magazine, The Economist* 所載の株主総会報告。

出典：石井寛治「イギリス植民地銀行群の再編」（『経済学論集』第45巻、第1号、1979年4月）52ページ。

4　第一次大戦及び戦間期の試練

第一次世界大戦（一九一四―一八年）は、すべての国との自由な貿易を伝統とする香港に本拠を置く銀行にとって、きわめて困難な時期であった。ＨＳＢＣの敵国資本との結びつきが英国のプレスの批難をあび、ドイツ人取締役は辞任した。

第一次世界大戦は世界の貿易に大きな衝撃と混乱をもたらしたが、ＨＳＢＣは東洋市場の拡大につとめた。バンコク（一九二一年）、マニラ（二二年）、上海（二三年）等の新店舗ビル、さらに香港の新本店ビル（三五年）の建設が当時の自信のほどを反映している。しかし、中国大陸の政情は急速に悪化し、東南アジアではオランダやフランスの銀行との競争も激化してきた。清国における政府の銀行としての長年の実績から、ＨＳＢＣは一九三〇年代に一貫して中国（一九一二年中華民国成立）通貨の価値の維持、安定に大きな役割を果たした。

戦後、ＨＳＢＣは銀価の高騰と適切な起債を促す投資の明るい見通しがもてる機会に再度恵まれた。これによって、一九二一年末までに払込資本は二、〇〇〇万香港ドル、公表株主資本は八、二〇〇万香港ドルに増大した。

❸香港のHSBC本店（1935－85）
製作：ウィリアム・ウォルコット（William Walcot）。
提供：HSBCホールディングス plc（HSBCグループ・アーカイブ）。

ＨＳＢＣは、中国及び東洋において再び指導的地位に立ち、楽観的なムードが戻ってきた。これを反映して、Ａ・Ｇ・スティーブン頭取（一九二〇―二四年在任）の大規模建築プロジェクトが打ち出され、上海のバンド（黄浦江に面した商業中心地）を圧倒するＨＳＢＣの新しい上海支店ビルが一九二三年に竣工した頃がクライマックスであった。

しかし、戦間期には幸、不幸が交錯した。中国の政治情勢は、悪化した。ＨＳＢＣは、満州（中国東北三省）の大連、奉天（瀋陽）、ハルビンに支店を開設したが、それは外国貿易関連の業務に限られていた。そのうえ、勃興してきた中国の近代的銀行との競争に打ち勝つことは難しかった。

当時の興味深い話は、ＨＳＢＣがシベリアへ進出したことである。英国政府の要請をうけて、ＨＳＢＣは一九一八年にウラジオストックに支店を開設し、旧帝政ロシアの王室財産であった金塊をソ連から運び出す仕事に関与したのである。ソビエト共産党の全土制圧にともない、この支店は結局一九二四年に閉鎖された。

そのほか、HSBCは、フィリピン国庫金の受託者の地位を失い、価格変動の激しい商品貿易業者に過度に依存していたため、大きな損害を被った。それでも、HSBCはフィリピンにおける最大の銀行であった。ジャワ、サイゴン及びハイフォンの支店も維持したが、オランダ及びフランス領植民地ではそれぞれ自国の銀行が優遇されたため、HSBCの活動は制約をうけた。マレー半島では、HSBCは、支店網を海峡植民地から他の地方へと拡大した。困窮のゴム栽培業者への寛大な対応により新しい取引先を獲得したが、損益勘定は総じて悪化した。

大不況期には、HSBCは顧客とともに損害を被った。しかし、不況の初期から、HSBCは諸困難を克服するために、あらゆる努力を払い、時には、昔からの顧客に対するHSBCの特別の支援が、プルーデント・レンデング(慎重な貸出態度)の限界を超えるものだ、という同業者の批判を呼んだほどである。しかし、HSBCのほとんど〝協力的な〟までの行動は、その固有の領域における地元の顧客への新しいコミットメントとなった。事実、一九三〇年代初期における本店ビル改築の決定は、顧客を援助したいとの願望によって鼓舞された。

しかしながら、株主の若干の犠牲なしにはHSBCの再生は実現しなかった。ポンド建配当金は一九四〇年に一株当たり八ポンドから五ポンドに低下し、資本金は第一次世界大戦末期の九一〇万ポンドから一九四〇年末には八六〇万ポンドに減少した。

ＨＳＢＣは、戦間期を通じて、通貨問題と闘うことを余儀なくされた。香港では、ＨＳＢＣは通貨流通高の八〇％を発行していたが、発行高は一九二七年の五、〇〇〇万香港ドルから一九四〇年一二月には二億香港ドルに増大した。香港ドルが銀本位制から事実上ポンド為替本位制へ移行したときでさえ、香港政庁は、独自の紙幣を発行しようとする英本国に抵抗した。このとき、ＨＳＢＣの発行した銀行券は初めて、正式に法貨となった。

これ以上にドラマチックだったのは、中国の銀貨（銀両）の為替相場の安定化のための努力であった。中国銀行の要請により、内密裡に、ＨＳＢＣ上海支店長Ａ・Ｓ・ヘンクマンは、中国の限られた資金で以って、投機筋との闘いに一時勝利した。しかしながら、最終的には、日本の一九三七（昭和一二）年以後の軍事的勝利の後、新しい資金が必要となった。ＨＳＢＣは、Ｖ・グレイバーン頭取（一九三四—四〇年在任）をメンバーに含む、香港委員会の管理する通貨安定基金へ三〇〇〇万—一、〇〇〇万ポンドを拠出したが、それを処理したのは上海のヘンクマンだった。圧力はあまりにも強大で寛大な資金援助をうけた政府委員会が、同じく成功はしなかったものの太平洋戦争前夜に、引き継いだ。

しかし、グレイバーンは、ポンド為替本位制の香港にとって、大量の旧銀貨準備をロンドンでポンドに変えた方が安全であると考えた。一九四一年一二月八日、日本軍が香港へ侵攻したとき、彼は交換を実行した。

第二次世界大戦の影響

第二次世界大戦（一九三九―四五年）はＨＳＢＣに深刻な影響を及ぼした。一九四一年一二月、太平洋戦争が勃発するや、同月二五日香港総督は降服し、二六日香港は日本軍の占領下におかれた。日本軍は翌年一月から軍票を発行し香港ドル券との交換を始めたが、しばらく香港ドル券も並行して流通させた。その後、一九四三年六月香港ドル券は流通禁止となり、軍票のみが流通した。一九四五年八月、終戦直後に香港は英国軍政下におかれ、従来の日本軍の命令は一切が否認され、新しい権力機構が設立された。英軍政当局は、九月初め軍票の流通を禁止した。しかし、香港ドル券への全面交換は不完全であり、軍票は市中に残った。占領下に発行された一九億円余の軍票のうち、戦後英軍当局に押収されたか、あるいは日本軍が焼却した分が七億円と推定され、市中流通残高は一二億円と推定された。

一方、日本軍が占領中に職権で発行させ、使用した香港ドル券は一億一、九八〇万香港ドルにのぼった。終戦直後、総督の要請により、ＨＳＢＣはこれらの香港ドル券は不法発行であるから関知しない旨の発表を行なったが、その後民生への影響に配慮して、これを継承せざるをえなくなった。一九四六年、まず一億三八〇万香港ドルにつき、発券銀行が政庁に英ポンドを引き渡して債務証書を受け取り、これを引当とする、正式の銀行券として追認された。また、軍票は流通禁止となった。このため、住民は退蔵していた香港ドル券を持ち出して使用し始めたため、ＨＳＢＣの業務再開とともに、その発券機能も復活した。

5　第二次大戦期の苦難と戦後の新戦略

第二次世界大戦中、ＨＳＢＣの大多数の職員は、アジア各地に侵攻してきた日本軍の捕虜となった。満州、日本及びインドシナにいた人々は帰還したが、最後の瞬間に脱出に失敗した人々は抑留された。グレイバーン頭取とその後継者に決まっていたＤ・Ｃ・エドモンズトンは、香港の収容所で死亡した。ビルマにいた人々はまずマンダレーへ移動し、次いで陸路インドへ向かった。何人かは、シンガポールを小船で脱出し、スマトラ沖で外洋船に乗り移り、インドへたどり着いた。日本軍は福州へはすぐにはこなかったので、福州支店の職員は上流へ脱出する中国人に助けられ、結局重慶に達し、一九四三年同地で支店を開設したのである。

香港の占領中、ＨＳＢＣの銀行券在庫を破壊する最後の努力は無駄であった。ほとんど最後までグレイバーンは、シンガポールの英国軍隊によって救出され、何らのパニックも生じないものと確信していた。日本軍が進駐すると、グレイバーンは、ロンドン諮問委員会委員長アーサー・モースに対して、本店をロンドンに移し、香港陥落後、業務を引き継ぐための措置をとるように指示した。

英国政府の勧告にしたがって、モースは敏速に行動した。もし、ＨＳＢＣが日本軍の管理下に陥ちた場合、米国当局は価値ある米ドル資産を凍結するものと予想された。ごく少数の支店は、極度に困難な状況の下で、残っていた外国人職員によって営業を継続した。

一九四一年に、英国監督当局は、ＨＳＢＣロンドン諮問委員会委員長アーサー・モースに対して、ＨＳＢＣ会長を務めるように要請した。二年後、ロンドン諮問委員会に取締役会の権限が与えられ、モースは初代会長と頭取を兼務（一九四三―五三年）することとなった。

一九四五年に連合国が勝利したとき、モースは東洋における重要人物となったが、当初はロンドンに留まって、二つの重要問題の解決に当たった。日本軍占領下の香港で強制的に発行させられた銀行券（ＨＳＢＣが準備金から最終的に一、六〇〇万香港ドルを充当）に関する責任の問題、及び減価した敵国占領通貨による戦時債務の支払に関連した債権者・債務者立法がそれであった。

第二次大戦後の一九四六年六月には、ＨＳＢＣは、香港において本店の権限と機能を回復し、終戦直後期における香港の急速な経済復興に大きな役割を果たした。このための基礎工事は、戦争終結前に構築されていた。ロンドンにおいて、モースは、戦争が終結すれば、機械設備等資本財への膨大な需要が見込まれるので、ＨＳＢＣは、地場主要企業の要請に対応する行列の先頭に位置するものと確信していた。また、ＨＳＢＣは、競走馬の輸入資金調達を通じて、士気の再興にもいくらか役立った。

しかし、一九四九年の中国大陸における共産党政権（中華人民共和国）の成立は、ＨＳＢＣが最も重視してきた中国市場ビジネスの展望を困難にした。このため、ＨＳＢＣの中国本土における支店はほとんどが閉鎖された。

しかし、戦後、香港に新たに流入してきた企業家をＨＳＢＣが技術や経験の面で支援したことは当時の製造業を興していく上できわめて有意義なものであった。その結果、資産の拡大は著しく、一九四〇年と一九五四年の間にＨＳＢＣの総資産は一二億香港ドルから三四億香港ドルへ膨張した。この間に、ＨＳＢＣは内部留保を蓄積した。また、公表資本金は、一九四〇年の一億三、四九〇万香港ドルから、一九五四年には一億五、八二〇万香港ドルに増大した。

終戦直後に、ＨＳＢＣは、日本を含む、アジア全域で再構築された。興味深いのは、ハンブルク支店が、両大戦期を通じて、閉鎖されず業務を続けたことである。

しかしながら、中国の情勢は不安定となり、ハイパー・インフレーションと内戦の多発化を惹起した。ＨＳＢＣは、上海、北京、天津、汕頭の支店は維持したが、他の小さい支店は閉鎖した。そして、一九五五年に、事実上中国ビジネスは香港へ移管され、ＨＳＢＣは、今日まで一貫して業務を続けている上海支店を残して、中国から撤退した。

香港は一時ブームを招来した。中国からの難民流入は住宅、食糧その他の必需品の大量需要を惹起しただけでなく、労働力も大量に供給した。同時に、上海その他の都市から脱出した企業家たちは香港で企業を興すのに必要な熟練と技術をもたらした。HSBCは、そうした人々を支援し、香港が貿易港から製造業中心地へと転換するための種子を蒔く手助けをしたのである。しかし、HSBCの香港業務は花開いたものの、香港の新興産業――とくに繊維産業――への融資量の拡大は一地方一産業へのオーバー・コミットメントに発展する危険性を孕んでいた。HSBCの業務は、香港以外でも伸ばすべきであるのは明らかであった。

戦後の新戦略

HSBCは、創立以来長い間、国際業務を独自の支店網構築によって進めてきた。しかし、一九五三年HSBCの頭取に就任したマイケル・ターナー（一九五三―六二年在任）は起死回生の策として、子会社設立や既存銀行の買収・提携を通じて経営多角化を図る経営戦略を打ち出した。新戦略の第一弾は一九五五年のHSBCカリフォルニア（本店サンフランシスコ）の設立であり、第二弾は、五九年のブリティッシュ・バンク・オブ・ザ・ミドルイースト（BBME、本店ロンドン）及びマーカンタイル銀行（本店ロンドン）の買収であり、第三弾は、六〇年のウエイフーン・ファイナンス（滙豊財務公司、本社香港）の設立であった。HSBCカリフォルニアの設立と既存銀行の買収は商業銀行業務の地域的拡大と強化を狙いとするものであったが、ウェイフーン・ファイナンスは香港における消費者金融の拡充を目的とするものであった。

一九六二年にターナーからバトンをうけたジョン・サウンダース頭取（一九六二―七二年在任）は積極政策を堅持し、六五年に恒生銀行（本店香港）の株式六二・一四％を取得した。恒生銀行は地場の最有力銀行ながら、六五年に香港を襲った信用恐慌で流動性危機に陥ったので、HSBCによる買収は救済色の濃いものであった。次いで七〇年には、米国のリパブリック・ナショナル銀行（本店ロサンゼルス）を買収して、HSBCカリフォルニアと合併させた。そして七二年には投資銀行業務に進出するためワードレイ社を、また保険業務に進出するためカーリングフォード社を香港に設立した。

一九八〇年代以降、HSBCの買収戦略は一段と活発になる。一九八四年に英中両国が英領植民地香港を九七年七月に中国へ返還することで合意したからである。返還後五〇年間、香港の現行制度が基本的に維持されるとはいえ、中国の主権の下におかれる以上、過度に香港に依存することは危険である、と判断したのである。

表5　HSBCグループの金融機関買収

時期	件数	主要な被買収金融機関
1950年代	2	ブリティッシュ・バンク・オブ・ザ・ミドルイースト（イラン）
60年代	1	恒生銀行（香港）
70年代	1	リパブリック・ナショナル銀行（米国加州）
80年代	6	マリン・ミッドランド銀行（N.Y.）
90年代	12	ミッドランド銀行（ロンドン）、リパブリック・ナショナル（N.Y.）
2000－04	19	ハウスホールド・インターナショナル（シカゴ）
計	41	

ＨＳＢＣの既存銀行買収は、一九五九―七九年間にはわずか四件であったが、八〇年代に六件、九〇年代一二件、二〇〇〇年―〇四年に一九件と、加速度的に増加している（表5参照）。買収対象には銀行だけでなく、証券会社や保険会社も含まれている。そのなかで、大型買収として注目されるのは恒生銀行（香港）、米マリン・ミッドランド銀行、英ミッドランド銀行及びハウスホールド・インターナショナルである。一方、戦後、ＨＳＢＣが新設した子会社は比較的小規模なものにとどまっている。

ＨＳＢＣグループは一九五九年以降四五年間に四一件の買収を行なってきたが、ＨＳＢＣグループの中核に位置するＨＳＢＣ本体は、創立以来一四〇年間、合併も分割もほとんど行なっていない。唯一の例外は一九八七年のマーカンタイル銀行の吸収合併であろう。ＨＳＢＣの名称も英文の末尾が少し変わっただけである。買収した金融機関をＨＳＢＣとあえて合併させない理由がいずこにあるか明らかにされていない。

第二章　第二世紀はM&Aを積極推進

一九六五年に香港上海銀行（ＨＳＢＣ）は創立百周年を迎えたが、この頃を境に買収戦略を一段と積極化する。

ＨＳＢＣの経営戦略はグローバルに展開されており、以下、①香港を含むアジア・大洋州地域（ただし、日本を除く）、②中東、③北米、④欧州、⑤中南米・アフリカ、に分けて経営戦略をレビューする。そして、日本については、第四、第五章で別途考察する。

ＨＳＢＣグループの持株会社、ＨＳＢＣホールディングスは一九九一年に設立されたものであるが、その主要な傘下金融機関は一〇〇年以上も昔に設立され、国内及び国際市場において長い歴史を重ねている。それらの金融機関の成長と発展は多様で話題性に富んでおり、金融史上著名な国際的名門も少なくない。

表6　HSBCグループの主要メンバー

企業名	創設地	設立年	加入年
香港上海銀行／The Hongkong and Shanghai Banking Corporation Limited (香港上海銀行／Hongkong and Shanghai Banking Company Limited)	香港	1865	1865
HSBC銀行ミドルイースト (ブリティッシュ・バンク・オブ・ザ・ミドルイースト)	ロンドン	1889	1959
恒生銀行 (恒生銀行)	香港	1933	1965
HSBC銀行USA (マリン・ミッドランド銀行)	バッファロー	1850	1980
HSBC銀行カナダ (香港銀行カナダ)	バンクーバー	1981	1981
HSBC銀行オーストラリア・リミテッド (香港銀行オーストラリア・リミテッド)	シドニー	1986	1986
HSBC銀行 plc (ミッドランド銀行 plc)	バーミンガム	1836	1992
HSBCトリンカウス&ブルクハートKGaA (トリンカウス&ブルクハートKGaA)	デュッセルドルフ	1785	1992
HSBCガイヤーツェラー銀行AG (ガイヤーツェラー銀行AG)	チューリッヒ	1894	1992
HSBC銀行マレーシア・バーハッド (香港銀行マレーシア・バーハッド)	クアラルンプール	1994	1994
HSBC銀行ブラジルS.A. ―バンコ・マルティプロ (バンコ・バメリンダス・ドゥ・ブラジルS.A.)	クリティバ	1952	1997
HSBC銀行アルゼンチンS.A. (バンコ・ロバーツS.A.)	ブエノスアイレス	1903	1997
HSBC銀行USA (リパブリック・ニューヨーク・コーポレーション)	ニューヨーク	1966	1999
HSBCリパブリック銀行(スイス)S.A. (リパブリック・ニューヨーク銀行(スイス)S.A.)	ジュネーブ	1988	1999
HSBCファイナンス・コーポレーション (ハウスホールド・インターナショナル)	ミネアポリス	1878	2003

注：2004年現在の名称。（　　）内は、グループ加入時の名称。
提供：HSBCホールディングス plc.

1　ホームグラウンドの深耕

香港を含むアジア地域は、ＨＳＢＣのホームグラウンドであるが、ＨＳＢＣは一九五九年にマーカンタイル銀行（本店ロンドン）を買収し、六五年に恒生銀行の過半数の株式を取得した。

マーカンタイル銀行は一八九二年にロンドンで設立され、アジアにおける銀行業務で輝かしい歴史をもっていた。ＨＳＢＣに買収された当時マーカンタイル銀行は三五の支店をもち、インド亜大陸とマレー半島に強固な基盤を築いていた。同行は、一九六六年本店を香港に移し、八七年にＨＳＢＣに吸収された。ＨＳＢＣが買収した銀行を吸収合併した唯一の例である。

マーカンタイル銀行とは異なり、恒生銀行は、一九三三年に香港で設立された地場銀行であったが、六五年に信用恐慌が発生した際に流動性危機に陥った。このときにＨＳＢＣが金融支援を行なったのを機に恒生銀行の過半数を取得したのである。

一九六二年、ターナーから新頭取（後の会長）ジョン・サウンダース（一九六二―七二年在任）へバトンが引き継がれた。伝統的に香港では、一貫して、企業活動へ最小限の公的干渉しか行なわれず、自由で開放的な経済体制の利益を享受してきた。諸外国において中央銀行が担っている多くの機能は、香港においては中央銀行がないため、ＨＳＢＣを含む大手商業銀行によって遂行されてきた（香港金融管理局が設立されるのは一九九三年になってからのことである）。かくて、金融界に問題が発生したとき、ＨＳＢＣは、何らの法的義務がないにもかかわらず、銀行業界及び香港経済の安定化のために出動したのである。

一九六五年に、前年来の銀行危機が表面化し、恒生銀行に取付けが発生した。ＨＳＢＣは恒生銀行が基本的には健全な状態にあることを周知していたので、全面的支援を約束したが、未確認のうわさが広まり、恒生銀行からの資金流出は続いた。ついに、一定限度をこえる支援は商業ベースでは不可能となり、恒生銀行は営業を停止するか、あるいは売却先を探すしかなかった。わずか数時間で、ＨＳＢＣと恒生銀行は合意に達し、政庁の承認をえて、ＨＳＢＣが恒生銀行の過半数株式を取得した。その後、恒生銀行は、固有の経営者の下で驚異的発展を続け、今日では、香港に本店をもつ銀行としては、ＨＳＢＣに次ぐ第二の銀行として、強固な地盤を確立している。

商業銀行業務の拡大に加えて、ＨＳＢＣは香港における新しい業務分野を開拓した。一九六〇年に賦払信用会社、ウエイフーン・ファイナンス（滙豊財務公司）が設立され、賦払消費者金融や自動車ローンを扱うこととなったのである。

次いで、一九七二年には、HSBCの創業時の本店所在地ワードレイ・ハウスの名にちなんでワードレイ社が、HSBCの全額出資により設立された。ワードレイ社はその後、アジアの主要な金融センターに自社の子会社や関係会社を設立している。その提携関係の一環として、一九八一年にワードレイ社はイクエイター・ホールディングスの経営権を取得した。同社の子会社はアフリカで商業銀行業、投資銀行業、貿易及び投資顧問業を営んでいる。一九九九年初めに、投資銀行業務や資本市場業務に対する統一名称を確立させるという、HSBCグループ戦略に沿って、ワードレイ社はHSBCインベストメント・バンク・ホールディングスと改称されることとなる。

HSBCは、また保険市場に本格的に参入するため、一九七二年に保険業務を扱う子会社としてカーリング・フォードを設立し、金融サービスの範囲を拡大した。

その他の分野では、運輸業、とくにキャセイ・パシフィック航空とワールドワイド・シッピング・グループ、及び香港の大手英字新聞であるサウス・チャイナ・モーニング・ポストを通じて印刷・出版への投資が行なわれた。ただし、印刷・出版への投資は一九八七年に売却されることとなる。

こうした業務多角化と並行して、HSBCグループの商業銀行業務の分野でも大きな発展がみられた。一九七〇年代を通じて、香港及び他の東アジア諸国が急速に発展する産業・貿易センターとして劇的に登場したことにより、HSBCはきわめて有利な地歩を占めた。

一九八六年一二月、会長に就任したウイリアム・パービス（一九八六―九二年在任）の下、HSBCグループは世界の主要金融機関の一つとしての地位の確立をめざしていっそう目覚ましい発展を遂げた。

本拠地の地固め

HSBCは、創立以来の本拠地を常に戦略目標の最重要拠点とみなしている。その証拠に、一九八〇年代に香港に建てられた新本店ビルには巨額の資金が投入され、ひときわ人目を引く存在となった。設計はサー・ノーマン・フォスターによるもので、一九八六年に竣工した。香港の支店網も急速に拡大し、一九六一年の六一カ店から、二〇〇〇年末には三〇〇カ店へ増加した。現在これら支店網はATM網、セルフサービス・バンキング・センター及びインターネット・バンキングによってサポートされている。今日、香港の大人の四分の三はHSBCに口座を開いている。香港で最大の銀行であり、中国本土にも多くの拠点をもつHSBCは、アジア・大洋州地域のダイナミックな市場における、最も重要な金融機関の一つとなっているのである。

同時に、ＨＳＢＣは競争が激化している地元市場において、電子機器を使った銀行サービスで先陣を切っている。恒生銀行と提携して、香港全域にＡＴＭ（一九八八年末までに五五〇台以上）の共同ネットワークを構築し、法人顧客のためにヘキサゴン・エレクトロニック・バンキング・サービス（HSBC net）を、当初香港で導入し、後に国際的に利用できることとした。

一九九七年以後の香港の将来についての、中国と英国の交渉の進展と併行して、ＨＳＢＣも香港における信認の維持に一定の役割を果たした。将来に対するコミットメントの最大のシンボルは、一九八六年に完成した新本店ビルの建設であった。加えてＨＳＢＣは困難に陥っている小さな地場銀行の支援を続け、期間二〇年の住宅抵当貸付を導入した。

中英交渉が進行中、香港に不安感が生まれたにもかかわらず、経済成長は続き、ＨＳＢＣは資産の拡大につれて、再び資本調達の必要に迫られた。ＨＳＢＣは、これまでに自己勘定で長期債を発行したことはなかった。しかしながら、一九八五年及び八六年に、総額一二億米ドルの変動利付永久債を、三回に分けて成功裡に発行した。さらに、一九八七年に、権利株三二億三〇〇万香港ドルを発行した。

また、ＨＳＢＣは、大きく変化する中国市場でのビジネス拡張に注力してきた。一九七〇年代の終りに中国において、対外開放政策が打ち出されたため、ＨＳＢＣは一九七八年に「中国室」（後の中国統括本部）を設置し、一九八〇年に新しく北京駐在員事務所を開設した。近代化計画の進行とともに拠点を漸次増加させ、八四年初めまでに、広州、深圳、厦門にも事務所が開設された。同年にＨＳＢＣは戦後中国で外国銀行として初の銀行免許を取得し、深圳支店を開設した。

中国では政府の近代化計画が進むにつれて市場の開放が実現した。諸外国との経済関係の漸進的自由化は、中国市場においてＨＳＢＣが伝統的に果たしてきた主導的役割の復活に道を開くものであった。

一九九七年七月一日、英領植民地香港は中華人民共和国（中国）へ正式に返還され、ＨＳＢＣグループは中国本土との長年の絆を新たにした。中国の改革開放政策の導入に伴って増大する外国貿易を支援するため、ＨＳＢＣグループは中国における業務のいっそうの拡大に意欲を燃やすこととなる。

ＨＳＢＣは一九九七年に、人民元業務を許可された外国銀行第一陣のなかに含まれ、上海浦東支店で業務を開始した。一九九九年までにＨＳＢＣグループの中国大陸での支店は九カ所に増え、人民元業務も拡大した。二〇〇〇年五月、中国統括本部を香港から上海へ移転し、中国総代表事務所に名称変更、中国ビジネスに対する長期的なコミットメントを示した。今日、HSBCは中国に一二支店と六出張所を、また恒生銀行も五支店、一出張所、二事務所を開設している。

二〇〇一年にHSBCは、中国の上海銀行の株式を八%取得した。翌年、中国第二の生命保険会社、平安保険に一〇%資本参加した。そして、二〇〇三年に平安保険の出資比率を一九・九%とした。また〇四年には交通銀行の株式を一九・九%取得した。これらは中国でのリテール業務を本格的に展開するための布石とみられている。

東南アジアでは、HSBCは一九九四年にマレーシアにおける外国銀行第一号となる香港銀行マレーシア・バーハッド（現HSBC銀行マレーシア・バーハッド）を設立した。HSBCは、二〇〇一年に台湾の投資信託公司を買収し、〇三年にシンガポールのケッペル保険会社及びイクエーター・ホールディングス（一九八一年に過半数取得）の残余株式を取得し、完全子会社とした。

インドにおいても、大きな前進がみられる。二〇〇一年にインド西部のプーネで、HSBCネットワークでは初の年中無休支店を開設した。同年に、HSBCはインドで初めて保険業務に参入可能となった。また、HSBCグループは、競争上の優位性を確保するため、グローバル・リソーシング・センターを初めて設置した。インドのハイデラバード、中国の広州と上海、マレーシアのサイバージャヤの各地に設置されたセンターによって、HSBCへ世界各地から接近でき、後方事務の国際的処理を可能にした。

中国及びインドなど新興市場への投資に加えて、HSBCグループは、大洋州の他地域の業務も強化している。

一九八〇年代・九〇年代における国際化の波はそれまで外国銀行に閉ざされていた市場を開放させた。一九八五年オーストラリアの銀行制度の規制緩和に伴い、同国で銀行免許を取得し、一九八六年に香港銀行オーストラリア（現、HSBC銀行オーストラリア）を合弁（八〇％出資）で設立した。一九八七年にこの合弁銀行の残余資本を取得したほか、ニュージーランドでも銀行業免許を取得した。

オーストラリアにおける二〇〇一年のNRMAビルディング・ソサエティの買収は、銀行の個人向け金融サービス業務をもたらした。これは一年後、米ステート・ストリート信託会社の企業及び貿易金融業務がHSBC銀行オーストラリアへ移譲されたことによって強化された。

今日、HSBCグループは、世界中の顧客に、広範囲にわたる金融サービスを提供している。他のメジャー・バンクも近年国際的に拡大しているが、HSBCは常に国際的である。その本拠地、香港はもともと中国へのゲートウェイとして重要であったが、それは今日、ますます相互関連を強めるグローバルな金融市場の中心地であり、同時に西側の主要市場であるロンドンやニューヨークとアジア・大洋州地域という世界で最も活力にみちた経済地域の中心地との時間的ギャップを埋める役目を果たしているのである。

❹香港上海銀行本店ビル（1986年竣工）
提供：HSBCホールディングス plc（HSBCグループ・アーカイブ）。

ＨＳＢＣグループは、国際的な顧客の金融的ニーズに応えるため、あらゆる種類の消費者金融、商業金融及び関連金融サービスを、アジア・大洋州地域の二二の国及び地域の六九四を超える支店や事務所——この地域における金融機関としては最大のネットワークである——及び世界の他の五五カ国における九、〇〇〇以上の事務所を通じて、提供しているのである。

2 静かに燃やす中東戦略

ＨＳＢＣグループの中東地域における中核は一九五九年に買収したブリティッシュ・バンク・オブ・ザ・ミドルイースト（ＢＢＭＥ、現ＨＳＢＣ銀行ミドルイースト）である。ＢＢＭＥは、中東で最も大きく、最も経験豊かな銀行の一つであった。

以下、ＨＳＢＣに買収されるまでのＢＢＭＥのプロフィールである。

ブリティッシュ・バンク・オブ・ザ・ミドルイースト

ＢＢＭＥは、一八八九年ペルシャ帝国政府の銀行として、ロンドンで設立され、当初、インペリアル・バンク・オブ・ペルシャ（ペルシャ帝国銀行）と称していた。一八八九年初頭、ＢＢＭＥの創設者の一人で、ロイター通信社の設立者でもあるジュリアス・デ・ロイター男爵は、ペルシャ皇帝から六〇年間の銀行免許をえて、銀行券の発行やペルシャの国営銀行としての業務を行なうことを許可された。当時の外国銀行としては異例のことであるが、英国政府の勅許状も交付された。

ペルシャ帝国銀行は、一八八九年末にテヘランで開業した。一年後、ニュー・オリエンタル銀行のペルシャ帝国内の業務を買収し、一八九〇年から一八九三年にかけて、ペルシャ国内に七支店を開設した。当初、ペルシャの本位貨幣である銀貨が世界的に下落を続けたため不利な立場にあったものの、一八九六年から第一次世界大戦までは国営銀行としても、また為替銀行としても、重要な役割を果たしていた。同行は預金も着実に増え、一九二〇年までに二六支店を開設した。

一九三〇年代から四〇年代にかけてのペルシャにおける政治的変革は、ペルシャ帝国銀行にも影響を与えた。例えば、一九三〇年に、銀行券発行業務は、ペルシャ国立銀行として設立後まもないバンク・メリ・イランに移管された。一九三五年に国名はイランとなり、ペルシャ帝国銀行はイラン帝国銀行と改称された。一九四九年には、外国銀行は預金残高の五五%をイランの国立銀行へ移管するよう要請され、さらに一九五一年、外国為替業務の認可が取り消されたため、テヘランの本店は閉鎖を余儀なくされた。

こうした変革により、イラン帝国銀行は経営戦略の見直しと、支店網の再編成が必要となった。しかし、その過程は、帝国銀行が湾岸諸国と銀行取引を始めた一九四〇年代初頭からすでに進行していた。この地域における銀行業は中東の石油産業の発展に重要な役割を果たすこととなった。クウェート（一九四二年）をはじめ、バーレーン（一九四四年）、ドバイ（一九四六年）、マスカット（一九四八年）に支店を開設した。さらに、「肥沃な三日月地帯」の都市ベイルート（一九四六年）、ダマスカス（一九四七年）、アンマン（一九四九年）にも進出した。中東全域に及ぶ多角的な活動は、一九四九年に行名が、ブリティッシュ・バンク・オブ・イラン・アンド・ザ・ミドルイーストに変更されたことにも反映されている。イランからの撤退に伴い、一九五二年、ブリティッシュ・バンク・オブ・ザ・ミドルイースト（ＢＢＭＥ）に行名が短縮され、改めて英国の勅許状が与えられた。

一九五〇年代、地域拡大戦略は成功裡に推進された。ＢＢＭＥは、ＨＳＢＣグループの傘下に入る一九五九年までに、サウジアラビア、アデン、リビア、シャルジャ、カタール、チュニジア、モロッコ、アブダビに支店を開設した。一方、イランでは、一九五九年から再び勢力拡大を図ったが、一九七九年にイラン国内の銀行が国有化され、撤退の止むなきに至った。

銀行の国有化は、一九六〇年代以降も、中東における銀行業務展開上の課題として残され、その結果、ＢＢＭＥはシリア、イラク、アデン、リビアでの業務から撤退した。その他の国々、特に湾岸産油国では、支店網の強化や現地の銀行との提携を図った。例えば、一九七八年、サウジアラビアでの同行の業務は、ＨＳＢＣグループが資本の四〇％を出資した新設のサウジ・

ブリティッシュ銀行に移管された。今や五六店舗をもつBBMEは、サウジアラビアにおいて、HSBCグループを代表する銀行に成長している。

一九九四年に本店をジャージーに移したBBMEは、現在、中東、欧州、インド及びバハマ諸島に合わせて三五の支店を保有している。BBMEは一九九九年、行名をHSBC銀行ミドルイーストと改称した。

HSBC銀行ミドルイーストの三五を超える支店に加え、HSBCグループには八〇の支店をもつサウジ・ブリティッシュ銀行があり、またHSBCグループが株式の四〇%を取得したエジプシャン・ブリティッシュ銀行（一九八二年設立）も保有している。エジプシャン・ブリティッシュ銀行に対する出資比率は、二〇〇一年に九〇%に引き上げられ、名称もHSBC銀行エジプトに改称された。さらに、同グループ関連会社として、一九七一年に株式を取得したキプロス・ポピュラー銀行、一九七二年にミッドランド銀行（現HSBC銀行PLC）が取得したブリティッシュ・アラブ・コマーシャル銀行（旧UBAF銀行）がある。これらの銀行を傘下にもつHSBCグループは、中東での銀行業務と金融サービスの分野で、主導的立場を保持している。二〇〇一年にHSBC銀行PLCはトルコ第五位のデミル銀行を買収した。これによりHSBCグループは初めてトルコ市場に参入した。

ＨＳＢＣグループは、地域のサービス及び商品開発のパイオニアであり、国際的能力とグローバルなアプローチが可能な建造物なのである。ＨＳＢＣアマナー・ファイナンスを通じて利用できる広範囲の商品によって、ＨＳＢＣはイスラムの伝統的金融に代わる有益な選択肢を提供している。このように、ＨＳＢＣグループは、中東における、主導的な金融機関の一つとして機能している。

欧米系の銀行でイスラム社会への浸透を図っている例は少ない。

3　新世界、北米での挑戦

戦後、ＨＳＢＣは米国カリフォルニア州における業務に大きな可能性を期待して、一九五五年に全額出資子会社、ＨＳＢＣカリフォルニアを設立した。これはＨＳＢＣにとって最初の子会社設立であった。米国においては外国銀行の支店の活動は法律上の制限が多く市場で活発な業務展開ができなかったが、現地法人の設立には明らかに利点があった。そのため、ＨＳＢＣカリフォルニアが設立されたのである。

この時期に、ＨＳＢＣの極東及び中東におけるビジネスは盛んであったが、西側主要国、とくに北米と欧州諸国における業務は比較的手薄であった。この状況を打開する計画は、一九七七年に、ガイ・セイヤーを引き継いだマイケル・サンドバーグ会長（一九七七—八六年在任）によって具体化された。

当初、ＨＳＢＣの対米戦略は加州現地法人の役割の見直しが検討課題であった。しかし、カリフォルニア州のフランチャイズ税や米国の州外店舗規制の問題は、ＨＳＢＣの目を有力な金融中心地であるニューヨークの銀行買収の可能性へと向けさせた。マリン・ミッドランド銀行などの持株会社であるマリン・ミッドランド・バンクス・インク（ＭＭＢＩ）が選抜された。同社は、ニューヨーク州全域に店舗をもち、ニューヨーク市にも大きな拠点をもっていた。カリフォルニア州の子会社は売却された。

一九八〇年、ＨＳＢＣはマリン・ミッドランド銀行の株式五一％を取得し、一九八七年マリン・ミッドランド銀行の残余株式を全部買収することとなるが、これはＨＳＢＣにとって初めての大型買収であり、将来のＨＳＢＣグループの米州戦略にとって極めて重要な意味をもつものであった。

米国における州外店舗規制の来るべき緩和を考慮すると、マリン・ミッドランド銀行の買収は、米国北東部における業務拡大にとって正しい選択であった。

一九七九年、この買収が完了する前年末にＭＭＢＩの総資産はＨＳＢＣのそれの六二％相当であった。一九八〇年の買収自体はＭＭＢＩの五一％であったが、反対がなかったわけではない。ニューヨーク州銀行局や一部の連邦議会議員たちは、米国の大銀行の経営権が海外へ流出することに懸念を抱いたのである。この問題は議会の公聴会で取り上げられた。しかし、議員たちの懸念はやがて解消し、取引価格は一九八〇年に、連邦準備と通貨監督官の同意を得て、三億一、四〇〇万米ドルと決定された。この結果、ＨＳＢＣの総資産は、一、二八〇億香港ドルから二、四三〇億香港ドルへと一躍二倍になった。

この買収によって、ＨＳＢＣは北米における銀行業及び金融サービス業に本格的に取り組むこととなったが、これは同時に、現在のＨＳＢＣグループの形成にとって決定的な重要性をもつものであった。

以下は、ＨＳＢＣに買収される以前のマリン・ミッドランド銀行の概要である。

マリン・ミッドランド銀行の買収

マリン・ミッドランド銀行は一八五〇年、ニューヨーク州北部バッファローにおいて、マリン信託会社として設立され、後に連邦免許を得てマリン・ナショナル銀行と改称する。同行は、米国中西部・五大湖地方と東部間の穀物取引に融資する目的で設立されたものである。その後、半世紀を経て、ニューヨーク州は農業中心型から製造業中心型の経済へと変貌した。州を縦横に走る鉄道網が整備され、新しいビジネスの機会が創出された。州北東部のトロイを中心に鉄鋼業が発展し、ナイアガラの水力発電により電気化学工業及び電気冶金工業が生まれた。これら成長産業に対して金融サービスを提供するため、州全域に地域銀行（リージョナル・バンク）が誕生したが、連邦法により、合併や支店の新設は規制されていた。

一九一八年頃、マリン・ナショナル銀行役員会は、こうした連邦規制を回避するため、同行を州法免許の銀行に転換し、行名をマリン・ミッドランド銀行に改称した。この免許転換により、一九二〇年代にマリン・ミッドランド銀行はバッファローにあるいくつかの銀行との合併が可能となり、それによってこの地域で支店をもつ最初の銀行となった。

マリン・ミッドランド銀行は、二〇世紀初頭、ジョージ・ランド一族のリーダーシップにより全州規模の銀行に発展した。一九二九年九月、マリン・ミッドランド銀行は、銀行持株会社、マリン・ミッドランド・コーポレーションの下に統合され、ニューヨーク証券取引所に上場されたときには、さらに拡大が可能となった。ミッドランドを社名に残したことは、ニューヨーク州内のいくつかの銀行の統合を通じて、州内陸部への地理的拡張を示唆するものであった。

一九二九年から、持株会社、マリン・ミッドランド・コーポレーションは、複数銀行持株会社のメリットを生かして約八〇の地域銀行をその傘下に収めた。当時、州法では傘下の銀行はそれぞれ別会社として営業することが必要であったが、持株会社は傘下銀行に関連サービスや経営のノウハウを提供した。グループ最古参のメンバーは一八二二年にユティカに設立された、ファースト・バンク・アンド・トラスト・カンパニーであった。

マリン・ミッドランド銀行の商業銀行業務及び小口金融業務は第二次世界大戦後も発展を続

けた。買収も進められ、ニューヨーク州に本拠をもつ系列一〇行と提携関係を構築した。これはやがて、ニューヨーク州法が一世紀にわたる銀行の支店設置規制を解除した一九七六年に一つの銀行に統合され、総資産が一〇五億米ドルにはね上がった。

一九八〇年以降、HSBCの子会社となったマリン・ミッドランド銀行は、米国市場においてその地位を強化することができた。他の州を含む拡大コルレス網が一九八一年に確立され、二年後にはニューヨークに本拠をおくキャロル・マッケンティ・アンド・マッギンレイという大手政府証券ディーラーの株式五一%を取得した。一九五〇年に始めたクレジット・カード事業は、一九八〇年代には米国で最大級のものとなった。その頃には、五〇〇以上の金融機関で、このクレジット・カードの処理フランチャイズがカード事業に利用された。

マリン・ミッドランド銀行は、一九八〇年にHSBCグループに参加して以来、その中核事業に注力している。同行は、今では、地域銀行として、ニューヨーク州全域の一〇〇万世帯及び一二万の事業所に高度の金融サービスを提供している。一九八〇年代及び九〇年代から、中小企業への融資を重視している。また、国内的にはいくつかの金融サービス分野において競争力を高める努力を払ってきた。この分野には、クレジット・カード、住宅抵当貸付、学生ローン及び商業融資が含まれる。同行はHSBCグループに入ったことで国際市場、商品及び技術へのアクセスの面において他の地域銀行に比して有利な立場に立ち、また、法人取引先へのサービス提供能力も高められた。

マリン・ミッドランド銀行は、一九八七年にHSBCの完全子会社となったあと、中核事業に専念するため、事業の再編を行なった。同行の個人向け及び法人向け業務を一連の買収によって強化した。一九九六年にイースト・リバー貯蓄銀行の営業を買収した。一九九七年にはロチェスター連邦貯蓄貸付組合の買収を完了し、九九年にはファースト・コマーシャル・バンク・オブ・フィラデルフィアの支店を買収し、HSBCグループの支店網に編入した。

これらの買収に加えて、地域内のグループの活動が統合された。一九九五年から九六年にかけて、恒生銀行とHSBCの企業金融部門とニューヨーク市内の支店を、また、ミッドランド銀行の企業金融部門と一九八〇年に過半数を取得した設備リース会社のコンコード・インターナショナルの業務を、マリン・ミッドランド銀行に移管したのである。

マリン・ミッドランド銀行は、有力銀行としての競争力を高めるために、クレジット・カードの発行や住宅ローン、奨学金ローン、商業金融などのすぐれた金融サービスによって、全国的に活動を展開した。HSBCグループの一員であることで、国際市場へのアクセスや金融商品の技術面で恩恵をうけ、とくに貿易金融でのマリン・ミッドランド銀行の法人顧客向け業務遂行能力が高められ、他の地域銀行よりも明らかに有利な業務展開となった。

また、その技術力は、ドライブスルー・バンキングやPCバンキングのようなサービスを生み出した。一九九九年、HSBCという統一ブランド名を世界的規模で採用するという戦略の一環として、マリン・ミッドランド銀行はHSBC銀行USAと改称された。

リパブリック・ニューヨークの買収

一九九九年末に、HSBCはリパブリック・ニューヨーク・コーポレーションとサフラ・リパブリック・ホールディングスを九八億五、〇〇〇万米ドルで買収し、米国、スイス、ルクセンブルクの先進国市場でも勢力拡大を図ってきた。ニューヨーク都市圏で三番目に大きな預金受け入れ銀行であり、プライベート・バンキング業務に定評のあるリパブリック・ニューヨークの買収は、世界最大の金融センターで資産管理サービスを提供するという、HSBCグループの経営目標に合致するものであった。

二〇〇一年一月、HSBC銀行USAは、リパブリック・ニューヨークの子会社、リパブリック・ナショナル銀行と合併した。

HSBCに買収される前のリパブリック・ナショナルのプロフィールを概観しよう。

持株会社、リパブリック・ニューヨーク・コーポレーションの設立は、リパブリック・ナショナル・バンク・オブ・ニューヨークのエドモンド・J・サフラの発案によるものであるが、一九六六年に同行が設立されたとき、当初資本金は一、一〇〇万米ドルで、これは当時商業銀行としては破格の規模であった。二〇世紀の第4四半期（一九七六―二〇〇〇年）にリパブリックは、ニューヨークにおける活動を大幅に拡大した。一九七六年に、同行はキングス・ラファイエット銀行と合併し、次いで一九八七年にウィリアムスバーグ貯蓄銀行を、一九九〇年にマンハッタン貯蓄銀行を買収した。リパブリックがHSBCグループ入りしたとき、リパブリック・ナショナル銀行とHSBC銀行USAの業務を合わせると、ニューヨークで三番目、全米で一〇番目の銀行となった。

リパブリック・ニューヨーク・コーポレーションは、リパブリック・ナショナル銀行（本店ニューヨーク）の持株会社であり、別の子会社であるリパブリック・ニューヨーク証券会社が一九九九年に起った「プリンストン債」（米プリンストン社が発行し、クレスベール証券東京支店が発売したハイリスク・ハイリターンの私募債）事件にかかわっていたため、プリンストン債が債務不履行（デフォルト）に陥った後、同債を購入していた日本企業五三社からニューヨーク連邦地裁に損害賠償訴訟を提起された。しかし、二〇〇二年に至り、五三社のうち五一社と同連邦地裁で和解が成立し、ニューヨーク・リパブリック証券を買収したHSBC銀行USAは六億六、〇〇〇万米ドルを支払うことで合意した。ただし、HSBCが負担した税引後損失は、リパブリック・ニューヨークの買収時に同社が合意した価格引下げ（四億五、〇〇〇万米ドル）の範囲内であったと報告されている。

一九八九年に、HSBCはカリフォルニア州で長い伝統をもつウェルズ・ファーゴ銀行と出資を伴わない提携関係を築いた。その延長線上に、一九九五年一〇月、北米ウェルズ・ファーゴHSBCトレードバンクが設立され、現在も西海岸で営業を続けている。一九九七年二月、HSBCグループは特定の金融サービスの共同運営を行なうため、特に南東部に勢力をもつワコビア・コーポレーションと資本関係のない提携を結んだ。これらの提携は、HSBCグループの能力と米国市場での勢力拡大に貢献した。

二〇〇〇年四月、HSBCグループはメリルリンチと共同出資でパートナーシップによる世界初の全世界オンライン・バンキングと財産管理を行なう会社を設立したが、二〇〇二年に完全子会社とした。

二〇〇三年三月、HSBCグループは全米四五州で一三〇〇の支店網をもつ、消費者金融最大手のハウスホールド・インターナショナル（現HSBCファイナンス・コーポレーション）を買収した。この結果、HSBCの北米における業務は著しく増大した。この買収は、米国内における消費者金融、住宅抵当貸付、クレジット・カード及び信用保険の業務を付加するとともにおそらく過去一〇年間で、HSBCにとって最も大きな変革をもたらすものであった。

同社がHSBCに買収される以前の歴史を以下に示すこととしよう。

消費者金融最大手のハウスホールド買収

一八七八年に創立されたハウスホールド・インターナショナルは、米国における消費者金融会社では最も古い歴史をもっている。同社は、ミネアポリスの宝石商で、その創業者であるフランク・マッケイが中産階級に初めて無担保貸付を行なったことから始まった。

同社の創業期は、強力な成長力と革新で特徴づけられていた。一八九四年には、中西部に一四カ店の支店網が構築され、本社もミネアポリスからシカゴへ移転した。この若い会社はこの分野におけるパイオニアであり、一八九八年に消費者ローンに初めて月賦返済方式を導入した。一九二〇年代に、ハウスホールド・ファイナンス・コーポレーション(HFC)として法人化したのち、同社は、消費者金融会社として初めて株式を公開し、ニューヨーク証券取引所への上場を目ざした。

二〇世紀の第3四半期（一九五一―七五年）にハウスホールドは、中核業務の持続的成長に加えて、商品取引、運輸及び製造業へと事業を拡大した。一九七〇年代にハウスホールド・リテール・サービスの創設により、同社は販売信用のためのリボルビング・クレジットへの進出が可能となった。一九七三年に、HFC銀行の設立によって、個人向けの銀行サービスやローンを英国市場で開始した。

一九八一年に、ハウスホールド・インターナショナルが、同社の多角化した国際業務を統括する持株会社として設立された。まもなく、この手法はハウスホールド・クレジット・サービスによるクレジット・カード市場への参入を実現させ、やがて、ビザやマスターカードの最大級のカード・サーバーに成長した。一九八〇年代の終りに、ハウスホールドは、商品取引、運輸及び製造業を処分し、再び中核業務たる消費者金融に的を絞ることとなる。ハウスホールドの消費者金融における強力な基盤は一九九八年二月のベネフィッシャル社の買収によってさらに強化された。この買収は総額八七億米ドルを要したが、この結果、米国最大の消費者金融クレジット・カード会社を手にしたのである。

一方、カナダ市場では、一九八一年バンクーバーに香港銀行カナダ（現HSBC銀行カナダ）が全額出資の子会社として設立された。同行は新カナダ銀行法の下で認可された最初の外資系銀行の一つだった。本店をバンクーバーにおいたのは、HSBCグループが環太平洋地域経済に特別の関心を寄せていたからである。香港銀行カナダは買収を通じて拡大した。買収されたのはブリティッシュ・コロンビア銀行（一九八六年）をはじめ、ロイズ銀行カナダ（一九九〇年）、ANZ銀行カナダ（一九九三年）、バークレイズ銀行カナダ（一九九六年）、ナショナル・ウェストミンスター銀行カナダ（一九九八年）である。また、HSBCグループ内では、一九八八年に、ミッドランド銀行カナダの業務を香港銀行カナダへ移譲した。一九九五年にはBBNジェームズ・ケイペル社が買収され、九六年にはマリン・ミッドランド銀行のシアトル、ポートランド両支店が香港銀行カナダの支店網に加わるなど、HSBC銀行カナダと改称する一九九九年までに一一六支店を保有するに至った。

HSBCはハウスホールド買収によってカナダと古い関係をもつに至った。カナダの最初の勅許小口貸付会社、セントラル・ファイナンス社は一九二八年に設立された。この会社は一九三三年にハウスホールド・ファイナンスに買収され、HFCカナダと改称された。ハウスホールドのカナダにおける第二部門、HFCリテール・サービスは一九七八年に設立されたものである。二〇〇〇年、ハウスホールド・インターナショナルはHSBCファイナンス・コーポレーションと改称された。

4　母なる大地、欧州への回帰

戦後欧州でＨＳＢＣは、当初非商業銀行業務の分野で、既存の金融機関の買収によって拡大を図った。まず、一九七三年に英国のマーチャント・バンクの老舗、アンソニー・ギブス社に資本参加したが、一九八〇年には完全子会社とした。その後、アンソニー・ギブス社の業務の大半はＨＳＢＣグループに吸収されたが、保険事業はロイズ保険組合のなかで最大の仲介業者の一つであるＨＳＢＣインシュアランス・ブローカーズ・リミテッドとして存続している。

一九七一年に、ＢＢＭＥはキプロス・ポピュラー銀行の株式の二〇％を取得した。この銀行は一九〇一年にリマソル・ポピュラー貯蓄銀行として設立されたものである。ＨＳＢＣはその後持株比率を二二％に引き上げ、一九九六年に、名称をライキ・グループと改めた。

一九八〇年代に、サッチャー政権下でロンドン証券市場の規制緩和、いわゆる「金融ビッグ・バン」により、銀行は新たに資本市場へ参入することが可能となった。一九八六年、ＨＳＢＣはロンドンの大手証券会社ジェームズ・ケーペル社を買収し、資本市場及び証券市場へ新規参入した。この業務はロンドンに本拠をおくＨＳＢＣインベストメント・バンク・ホールディングスに統合された。HSBCインベストメント・バンク・ホールディングス傘下企業は世界各地の主要証券取引所で、HSBCグループの株式売買業務に携わっている。

一九八〇年、ニューヨークに本拠をおくマリン・ミッドランド銀行の過半数株式（五一％）を取得したHSBCは、世界戦略の重点目標の一つである欧州を次なる目標と定めていた。実際、一九八〇年末において、HSBCグループの総資産の三八％はアジア、四二％が米州にあったのに対して、欧州はわずか一八％であった。

一九八一年に、英国を本拠地としながら国際指向の強いスタンダード・チャータード銀行（旧チャータード銀行）は明らかに同様のことを考えており、ロイヤル・スコットランド銀行に買収を申し入れた。HSBCはこれに対抗して自らも買収に名乗りをあげ、スタンダード・チャータードの買収価格に競り勝った。しかしながら、両者による買収は、英国独占・合併委員会に回付され、いずれの買収に対しても否定的判断が示され、英国政府もこれを支持したのである。

この買収は挫折したが、HSBCの国際的野望をくじくものではなかった。一九八一年にワードレイは、イクエーター・ホールディングスの過半数資本を取得したが、イクエーターの子会社のなかには、アフリカでマーチャント・バンキングや投資顧問業を営むイクエーター銀行が含まれていた。

一九八七年、HSBCはマリン・ミッドランド銀行の全残余株式を取得するとともに、英四大銀行の一つであったミッドランド銀行の株式の一四・九%を取得した。その後、一九九二年に持株会社、HSBCホールディングス（一九九一年設立）を通じて、ミッドランド銀行の全残余株式を取得することとなる。

一九九二年三月、HSBCホールディングスは、ミッドランド銀行に対して友好的買収を申し入れたが、同年四月末には英国の四大銀行の一つであるロイズ銀行もミッドランド銀行の買収に名乗りをあげた。しかし、同年六月、HSBCホールディングスがミッドランド銀行の買収価格として最終的に三九億ポンドを提示したのでロイズ銀行は買収提案を撤回した。かくて、HSBCホールディングスによるミッドランド銀行の買収は確定し、これによってHSBCグループの総資産は一九九一年の八六〇億ポンドから九二年には一、七〇〇億ポンドを超える規模に増大した。ミッドランド銀行の買収は、同行がそれまでに買収、あるいは設立していた多数の子会社をも一挙に獲得するところとなった。ブリティッシュ・アラブ商業銀行（一九七二年買収）、サミュエル・モンタギュー（一九七四年買収）、トリンカウス・アンド・ブルクハート（現HSBCトリンカウス・アンド・ブルクハート）、スワン・ナショナル・リース、フォワード・トラスト・レール・サービス（現HSBCアセット・ファイナンス）などがそれである。

一九九二年のHSBCグループによる英ミッドランド銀行（現HSBC銀行PLC）の全株取得は、銀行買収市場最大級のものであった。英国の有力銀行を傘下に収めることで、HSBCグループの欧州における地位は大きく上昇し、世界でも有数の金融グループとなった。

ミッドランド銀行は、一九八九年一二月期決算で赤字を出して以来、業績悪化にあえぎ、九一年一二月期決算で税引前利益三、六〇〇万ポンドを計上したものの、他の四大銀行との格差は開くばかりであった。当初の赤字の要因は海外での焦げ付きの多発にあったが、その後も英国景気の低迷が長引き、国内で不良貸付けが急増し、金融機関の間では、いずれ抜本的な救済が必要になる、といわれていた。

これに対してHSBCは、一九九七年には営業の拠点である香港が中国に返還される時点でどのような営業展開に切り替えるかが経営上の大きな課題となっており、早晩、欧州での戦略強化に乗り出すものとみられていた。HSBCにとっても生き残り策の一環であった。HSBCによるミッドランド銀行買収は、後者の再建にも役立つものとして、各界で歓迎された。また、ECの競争委員会もこの買収に問題はないとの見解を発表した。

以下はHSBCに買収されるまでのミッドランド銀行の概要である。

英国第四位のミッドランド銀行買収

ミッドランド銀行は、一八三六年に、元中央銀行マンのチャールズ・ギーチにより創設され、バーミンガムのユニオン・ストリートで開業した。ギーチはイングランド銀行での安定した職位を捨てて商業銀行の設立に挑戦したのである。バーミンガムの有力商人や製造業者から業務面の支援と資金協力をうけた。バーミンガムの町とその周辺地域は産業革命の発祥の地であり、ミッドランド銀行は同地域の経済的繁栄と激しい競争のなかで開業した。

一八三〇年代から四〇年代にかけて、ミッドランド銀行はバーミンガムでの銀行業務、とくに取引先の為替手形の割引により、重要な基盤を築いた。地域の産業や商業との結びつきは特に強く、一八五〇年代には鉄道会社、製鉄会社、土木・建築業者、公益事業、地方自治体などの取引先を確保していた。

ミッドランド銀行は、一八五一年にスタワブリッジ・オールド銀行を、一八六二年にウスターシャーのビュードリーにあるニコルズ・ベーカー・アンド・クレーン・オブ・ビュードリーを吸収合併し、初期の支店増大を図った。どちらの銀行も西ミッドランドにおける銀行業の草分け的存在で、スタワブリッジは一七七〇年の設立、ニコルズ・ベーカーは一八七二年の設立であった。

ミッドランド銀行は設立後の五〇年間、バーミンガムを中心に着実に業務を拡大した。一八八〇年代からは支店の新設や他行の買収により取引先を増やし、一八八九年にコベントリー、レミトン及びダービーの銀行を買収、一八九〇年にはリーズの二つの銀行を獲得した。ミッドランド銀行の最大の目標はさらなる国内業務の拡大であった。これは一八九一年のセントラル・バンク・オブ・ロンドンの買収（これによりロンドン手形交換所の会員権を取得）や、一八九八年のシティ銀行の買収（これにより、ミッドランド銀行はロンドンに本店を移転）により実現した。

一九〇〇年までに、ミッドランド銀行は英四大銀行の一角に成長した。一九一八年には預金高は三億三、五〇〇万ポンドに達し、世界最大の銀行となった。この目覚ましい躍進の立役者はエドワード・ホールデンであった。彼は一八九八年から一九〇八年まで頭取を務め、一九〇八年から一九一九年に歿するまで会長も兼務した。一八九一年から一九一八年までに、彼は二〇を超える銀行を併合し、イングランドとウェールズ全域に新たな支店を開設した。

また、ホールデンは、ミッドランド銀行の国際業務展開を促進し、英国系銀行で初めて外国為替部を設立した。一九一九年には、世界中の約六五〇のコルレス先銀行をもつロンドンの銀行として活動した。当時、ＨＳＢＣもそのコルレス先銀行の一つだった。

第一次世界大戦後、英国の大手銀行は政府の要請をうけて、大蔵省の認可なしに新たな合併を行なわないことに同意した。その結果、ミッドランド銀行は支店網の拡大や新しい銀行サービスの導入、システム化（一九二八年）、銀行業務の広報活動に積極的に取り組むようになった。

これらの事業活動は、第二次世界大戦の勃発によって突如中断し、空襲によって三一の支店が破壊されたほか、一、三五〇件以上の被害が報告された。支店の修復や再建は戦後の建築規制のために遅れ、また政府の信用規制により、銀行の業務再興は制限された。

一九五八年に信用規制が終わり、英国の銀行業界では再び競争が激化した。ミッドランド銀行は支店網の拡大をはじめ、個人貸付や個人当座預金口座（以上、一九五八年）、チェック・カード（一九六六年）などの革新的サービスを導入したのである。

同時に、伝統的な商業銀行業務だけでなく、業務の多角化を進めた。一九五八年に傘下に入った割賦金融会社フォワード・トラストが、リースやファクタリング業の有力企業に成長した。また、一九六七年にミッドランド銀行が、サミュエル・モンタギュー商会を保有するモンタギュー信託会社を買収したことで、英国の手形交換所加盟銀行とロンドンのマーチャント・バンクとの連携を初めて実現した。創業一八五三年という輝かしい歴史をもつサミュエル・モンタギュー商会は、一九七四年にＨＳＢＣの一〇〇％子会社となり、一九九三年にＨＳＢＣインベストメント・バンク・ホールディングスへ移管された。

一九七二年に、ミッドランド銀行はトーマス・クックの旅行事業部門を獲得したコンソーシアムの主幹事となり、さらなる多角化を実現した。一九七七年、単独オーナーになった後、一九九二年に株式を売却したが、支店網を通じてトーマス・クックのサービスを提供しているため、両者の関係は引き続き維持されている。

一九七四年まで、ミッドランド銀行の海外事業は、従来からのコルレス先銀行との取引関係と、一九六〇年代に行なわれた欧州系及び多国籍銀行からなる国際コンソーシアムに依存していた。一九七四年以降は、世界中の主要な金融中心地に支店や駐在員事務所を開設する一方、国際的企業の買収に重点を移行した。一九七八年には東京支店を開設した。こうした活動のなかで、一九八一年、ミッドランド銀行による米クロッカー・ナショナル銀行の過半数株式買収は、前者の財務基盤に深刻な影響を与えることとなった。一連の損害を被った後、一九八五年に完全経営権を獲得したが、翌年クロッカーをウェルズ・ファーゴへ売却してしまった。

これとは対照的に、欧州における銀行業への投資は、ミッドランド銀行発展の強力な基盤になった。ドイツにおいて、ミッドランド銀行は一七八五年にデュッセルドルフで設立された個人銀行、トリンカウス&ブルクハートに活動の中心を置いた。一九八〇年にミッドランド銀行が経営権を獲得した時には、ドイツ、ルクセンブルク、スイスに支店を所有、またスイスではガイヤーツェラー銀行の過半数の株式を保有することで業務を拡張し、フランスをはじめ成長を遂げるEC諸国の金融センターに、支店や子会社を開設した。

一九八七年、ミッドランド銀行がHSBCグループの仲間入りしたことで、英国及び欧州諸国での業務の展望が変化した。英国内では、ミッドランド銀行は業務革新とサービス改善に力を入れ、一九八八年、POSで電子決済ができるペーパーレス小切手「スイッチ・デビット・カード」の導入において、主導的な役割を果たした。また、一九八九年には、テレフォン・バンキングという革命的なサービス「ファースト・ダイレクト」を開始した。このサービスは、二四時間中、顧客からの電話にオペレーターが対応するものである。一九九八年にはPCバンキング・サービスが導入され、一九九九年に一〇周年を迎えたファースト・ダイレクトは、加入者がおよそ九〇万人に達していた。

同じ頃、ミッドランド銀行は、個人向け金融サービス業務を通じて年金や投資、生命保険関連商品を、拡大し続ける顧客層に対し積極的に提供した。さらに、支店網を慎重に拡大し、サービスの質の向上と支店環境の改善に努めた。銀行サービスへのアクセス改善も優先事項であり、一九九六年にウェールズ語のクレジット・カードを初めて導入した。また、一九九七年には、モリソンズ・スーパーマーケットで店内バンキング・サービスを改善したほか、一九九九年に革新的なTVバンキング・サービスを開始した。そして、この年に、ミッドランド銀行はHSBC銀行PLCと改称した。

HSBCグループは、ミッドランド銀行買収後、HSBCの欧州所在支店をミッドランド銀行に移管し、一方、ミッドランド銀行の中東やカナダの支店はHSBCに移管させたのである。

HSBCグループは、統一通貨を導入したユーロ圏における営業基盤を強化するため、二〇〇〇年四月、フランス商業銀行（CCF）に一一〇億米ドルで友好的買収を申し入れ成功した。二〇〇三年に、CCFは、その子会社であるユーロフィン銀行の持株比率を、八三・九五％へ引き上げた。

二〇〇三年にHSBCグループに買収される以前のフランス商業銀行のプロフィールを次に示そう。

ユーロ圏のフランス商業銀行買収

アーネスト・メジャとベンジャミン・ロッシェルという二人のフランス人は、一八九四年、パリ市ラフィット通り二七番地に、スイス・アンド・フランス銀行（BSF）を設立した。彼らは、フェデラル銀行で以前一緒に仕事をしており、新銀行はスイス銀行のパリ支店の業務を引き継いだものである。一九一〇年にメジャが亡くなるまで、二人は共同経営者であった。ロッシェルは、一九三六年に引退するまで、銀行の経営に当たった。彼らのフランス経済への貴重な貢献が高く評価され、レジオン・ドヌール勲章が二人に授与された。

創業期から、BSFは商工業に強い関心を寄せていた。パリの百貨店ガルリー・ラファイエットとみごとな協力関係が構築された。BSFは、新しい首都地下鉄の建設と公共照明設備の構築に必要な資金を供給した。業務の初期の成功は急拡大をもたらした。職員数は二〇世紀初めには一〇倍に増加し、店舗もいっそう大きなビルに移転した。一九一二年から、BSFは支店網の構築をはじめ、パリに一四カ店とリルに最初のプロビンシアル・オフィスを開設した。一九一四年にコロンビア銀行の営業を買収したとき、マルセイユにも支店を設けた。

一九一七年一月、BSFの株主はリヨンのメゾン・アニアード・エ・フィルとニースのカセ・デ・クレジットとの合併案を承認した。メゾン・アニアード・エ・フィルは、一八世紀初めに衣服商として発足したもので、一八五八年に銀行に転換した。一八六五年に設立されたカセ・デ・クレジットは地中海沿岸及びイタリアに沢山の支店を開いていた。合併後、商号をフランス商業銀行（CCF）と改称した。二年後に、ボルドー銀行を買収した。一九二二年に、CCFの本部と主要サービスは、シャンゼリゼ通り一〇三番地に移転した。CCFは、さらに他の銀行の買収を続け、一九二〇年代末にはフランスの六大銀行の一つにのし上がった。

一九六〇年代に、ジャック・メリラン頭取の下、CCFは意欲的な拡大方針を採り、支店数は二〇〇を超えた。CCFの産業融資部及び国際部が創設されたのもこの頃である。一九七九年に〝バンク・オブ・サクセス〟という長期キャンペーンを打ち出し、株主数を一万七、〇〇〇人から三万四、〇〇〇人へと倍増させた。三年後、CCFはフランス政府によって国有化されたが、この決定は後に逆転し、一九八七年に民営化された。

CCFは、二〇世紀末には六五〇の支店と総資産六九〇億ユーロを有していた。二〇〇〇年四月に、HSBCホールディングスはCCFを買収する意向を表明し、七月に買収は完了した。同月、HSBCホールディングスは初めてパリ証券取引所に上場された。この買収によって、HSBCグループは、主要な欧州大陸市場の一つに有力な拠点を確保し、かつユーロ圏に強力な足場を築くことができたのである。CCFはその後も拡大を続け、二〇〇〇年にペルティエ銀行を、そして二〇〇一年にエルベ銀行を買収した。

ＨＳＢＣグループは一九九〇年代の後半、支店の増設と厳選した銀行の買収により、欧州での勢力を拡大した。一九九六年、新たな銀行子会社をアルメニアに、一九九七年、ミッドランド銀行の支店をプラハに開設した。一九九九年六月、ＨＳＢＣグループはマルタ共和国最大のミッド・メッド銀行（現ＨＳＢＣ銀行マルタ）の株式の過半数を取得した。こうした行動は、欧州における強力で、多様化された基盤を築くＨＳＢＣの経営戦略に大きく貢献している。

5　未開拓の市場、中南米・アフリカ

ＨＳＢＣの中南米・アフリカへの進出は遅く、未だ緒についたばかりである。二〇〇二年一一月に、ＨＳＢＣグループはメキシコのグルーポ・フィナンシェロ・ビタル（ＧＦＢ）を一九億米ドルで買収し、初めて中米における主要な金融拠点を築いた。ＧＦＢの創立メンバーであるバンコ・インターナショナルは、一九四一年八月二〇日、メキシコ・シティで商業銀行として設立された。一九八〇年一二月、バンコ・インターナショナルはメキシコの一一の古い銀行と合併した。このうち、最古のものは、一九三二年に設立されたバンコ・デ・コアフィラであった。

合併後、グルーポ・フィナンシェロ・ビタルと改称された新銀行は、銀行業、債券発行業務及び仲介業務を全国的に展開した。ＧＦＢにより、ＨＳＢＣは一、四〇〇近い支店と六〇〇万人の顧客をもつ、メキシコ最大の個人消費者ベースを獲得したのである。

二〇〇三年初めに、ＨＳＢＣグループは英領バミューダ島のバミューダ銀行（一八八九年設立）を一四億米ドルで買収した。同行はバミューダの内外市場において、主導的役割を果たしてい

る。

HSBCグループはマリン・ミッドランド銀行の株式保有により、一九六〇年代以降に同行が設立した中南米の支店を取得したが、一九九二年ミッドランド銀行の買収により、アルゼンチンとメキシコにも拠点をもつこととなる。ミッドランド銀行は、南米ではサンパウロ、ブエノスアイレス（以上、一九七九年）、及びメキシコ・シティ（一九八〇年）に拠点を設けていた。

一九八七年にミッドランド銀行はアルゼンチンのバンコ・ロバーツの株式を三〇％取得した。一九九七年八月には完全子会社となって経営権はHSBCグループに移り、HSBCバンコ・ロバーツ（現HSBC銀行アルゼンチン）と改称された。

チリでは、HSBCの現地法人は、一九九四年にブエノス・アイレスで設立され、二〇世紀を通じて拡大を続けた。一九一八年に、企業向け保険会社、ザ・インペリアルを買収し、ラ・ブエノスアイレス・カンパニア・アルヘンティーナ・デ・セグロスと改称した。他の子会社には、一九九四年に設立された国内第二位の個人年金会社、マキシマSA及び一九七〇年代末に設立された前払保険会社ドクトスSAが含まれている。

HSBCの南米における拠点は、米州におけるさまざまの種類の投資に加えて、他の多数の買収によって強化された。チリにおいては、HSBCグループの業務は、バンコ・オヒギンスの株式所有を通じて強化された。この銀行は一九五六年に設立されたが、業務の一部は一八八八年まで遡ることができる。一九九七年一月、バンコ・オヒギンスはバンコ・デ・サンチャゴと合併した。合併後、バンコ・サンチャゴと改称され、チリの最大の民間銀行となっている。

ＨＳＢＣの南米における最大の拠点は、バンコ・バメリンダス・ド・ブラジルの資産、負債及び子会社を買収するため、一九九七年に設立されたＨＳＢＣ銀行バメリンダスである。この銀行は、一九五二年に、バンコ・メルカンタイル・エ・パラナとして設立され、クリティバに本店をおき、イタラレに支店を有していた。拡大と多様化を急速に進め、ＨＳＢＣが買収するまでに、一、三〇〇近い支店のほか、保険、リース、証券部門も保持していた。同行の企業及び地域部門は現在サンパウロにあり、自動車金融及び不動産を扱う新部門も設立している。同行の名称は一九九九年にＨＳＢＣ銀行ブラジル―バンコ・ムルティプロと改められた。

中南米においてＨＳＢＣグループは買収を重ね、米州で数多くの企業を傘下に収めることにより、なおも力強い成長を続けている。

六大陸のなかで、南極大陸を別とすれば、最も手薄なのはアフリカである。それでも、一九五九年に買収したブリティッシュ・バンク・オブ・ザ・ミドルイースト（現ＨＳＢＣ銀行ミドルイースト）の支店がモロッコとチュニジアにある。また、一九八一年に買収したイクエーター銀行がアフリカで商業銀行業務、投資銀行業務、投資顧問業務を営んでいるほか、一九八二年に設立したエジプシャン・ブリティッシュ銀行（現ＨＳＢＣ銀行エジプト）がある。これらの銀行店舗の多くはアフリカ大陸沿岸部に立地しており、内陸部はほとんど皆無である。ＨＳＢＣグループの今後の発展のためには、対アフリカ戦略が次第に重要性を増してくるものとみられる。

第三章　持株会社体制の確立

1　HSBCグループの形成と商号

香港上海銀行（HSBC）は、前述のように一九五九年にマーカンタイル銀行とブリティッシュ・バンク・オブ・ザ・ミドルイースト（BBME）を買収して以降、既存銀行の買収を積極化し、規模と営業地域の拡大を進めてきた。一九六五年には香港の地場大手の恒生銀行を買収し、これによって、同行は独自の経験と専門的知識・技能を獲得し、拡大・多角化への道を進むこととなる。

一九七〇年代の後半には、こうした「HSBCグループ」の拡大というアプローチはHSBCの拠点があまり多くない北米や欧州の市場に対する戦略として重要性をもっていた。一九八〇年の米マリン・ミッドランド銀行の株式の五一％取得には三億一、四〇〇万米ドルを投じたが、これによってＨＳＢＣグループの総資産は一、二八〇億香港ドルから二、四三〇億香港ドルへとほぼ倍増した。その後、一九八七年一二月に全残余株式を取得した結果、マリン・ミッドランド銀行はＨＳＢＣグループの対米州戦略の中核となった。

ＨＳＢＣは、同じ頃、欧州でもマリン・ミッドランド銀行級の買収を考えていた。一九八一年、英ロイヤル・バンク・オブ・スコットランドの買収をめぐってスタンダード・チャータード銀行に競り勝ったものの、英国の独占・合併委員会がこの買収を認可しなかったため、不発に終わった。しかし、六年後、ＨＳＢＣは英国第四位のミッドランド銀行の株式の一四・九％を取得した。ＨＳＢＣとミッドランド銀行との協力協定により、両行は一九八八年にミッドランド銀行カナダと香港銀行カナダとの合併を実現させ、経営の国際的統合・合理化を達成した。

ＨＳＢＣグループの中核であるＨＳＢＣの正式名称は、一八六六年一二月以降、長い間、The Hongkong and Shanghai Banking Corporation であった。しかし一九八九年一〇月、この商号は一二三年ぶりに微調整が加えられ、The Hongkong and Shanghai Banking Corporation Limited（漢文名は「香港上海滙豊銀行有限公司」）と改められた。

ＨＳＢＣは、一八六六年以来、香港上海銀行条例という特別法を設立根拠法とする特殊な銀行である。このため、ＨＳＢＣの株式は香港証券取引所へ上場されているものの、一般の会社に適用される会社条例の規定は適用されていなかった。これはＨＳＢＣに前近代的な特権的地位を与えたものでアンフェアであるとする声が、内外で聞かれるようになっていた。

そこで、ＨＳＢＣの経営陣は、自発的に同行も会社条例に準拠して、法人登記を行なうことを決定したが、登記のためには有限責任であることを示す Limited の文字を商号に入れることが必要であった。そこで一九八九年一〇月会社条例に則した新商号が登記されたのである。これに関連して一九九七年、香港上海銀行条例も改正され、それ以降ＨＳＢＣは、同条例及び会社条例の適用をうけることとなったが銀行経営上大きな変化はないといわれる。

2　持株会社、ＨＳＢＣホールディングスの設立

ＨＳＢＣは、一九九一年四月、欧米の主力銀行にならって、持株会社、ＨＳＢＣホールディングス（HSBC Holdings plc）を英国ロンドンに設立し、自らはその一子会社となった。これにともない、ＨＳＢＣ傘下の全グループ企業は、すべて新設の持株会社の直接・間接の子会社となった。ただし本部機構は引き続き香港に残置された。また、持株会社の株式はロンドン及び香港の証券取引所へ上場された。このことは、ＨＳＢＣグループが将来の発展のためにロンドン市場が不可欠のものと考えていることを示唆するものである。この背景には一九八四年末、英中両国が香港を一九九七年に返還することで合意したという重大な事実がある。

持株会社、ＨＳＢＣホールディングスの設立によってＨＳＢＣグループ企業は、ＨＳＢＣホールディングスを頂点とする一大ピラミッドに組み込まれた。ＨＳＢＣはこのピラミッドの重要部分を占めるが、もはやグループの頂点に位置しない。これはグループが巨大になってきた以上、当然の帰結である。しかし、ＨＳＢＣホールディングスの子会社には地域別銀行持株会社と証券・保険持株会社が配置されているため、ピラミッドの形は、必ずしも単純な正三角形

を形成しているわけではない。そこにはＨＳＢＣの長い歴史と経営戦略が投影されている（図1参照）。

ＨＳＢＣグループの組織はＨＳＢＣホールディングスを頂点とする重層構造を形成する。ＨＳＢＣホールディングス傘下の企業数は公表されていないが、主要企業だけでも六〇社を越えている。ＨＳＢＣホールディングスの子会社には地域別銀行持株会社が五社（欧州、北米、南米、オランダ、メキシコ）のほか、証券持株会社及び保険持株会社がある。

ＨＳＢＣファイナンス（オランダ）はオランダ国籍の会社で、傘下にＨＳＢＣをはじめＨＳＢＣ銀行ミドルイースト、ＨＳＢＣ銀行オーストラリア、ＨＳＢＣ銀行エジプトなど中東、アジア・大洋州地域に展開する一六社を保有している（社数は主要企業のみ、以下同じ）。このなかには投資銀行や保険会社も含まれている。ＨＳＢＣ本体は、組織図の上では、ＨＳＢＣホールディングスの曾孫会社の一つであるが、香港を含むアジア・大洋州、中東地域における銀行、証券、保険業務など、すべての金融業務を包含しており、形の上では子会社四、孫会社二、曾孫会社一を保有している。ＨＳＢＣは一九五九年以前には、欧米諸国にも支店を設けていたが、これら地域の銀行を買収した後、同地域にあったＨＳＢＣの支店は被買収銀行へ移譲した。同時に、被買収銀行がアジア・大洋州地域に設けていた支店はＨＳＢＣへ移譲された。

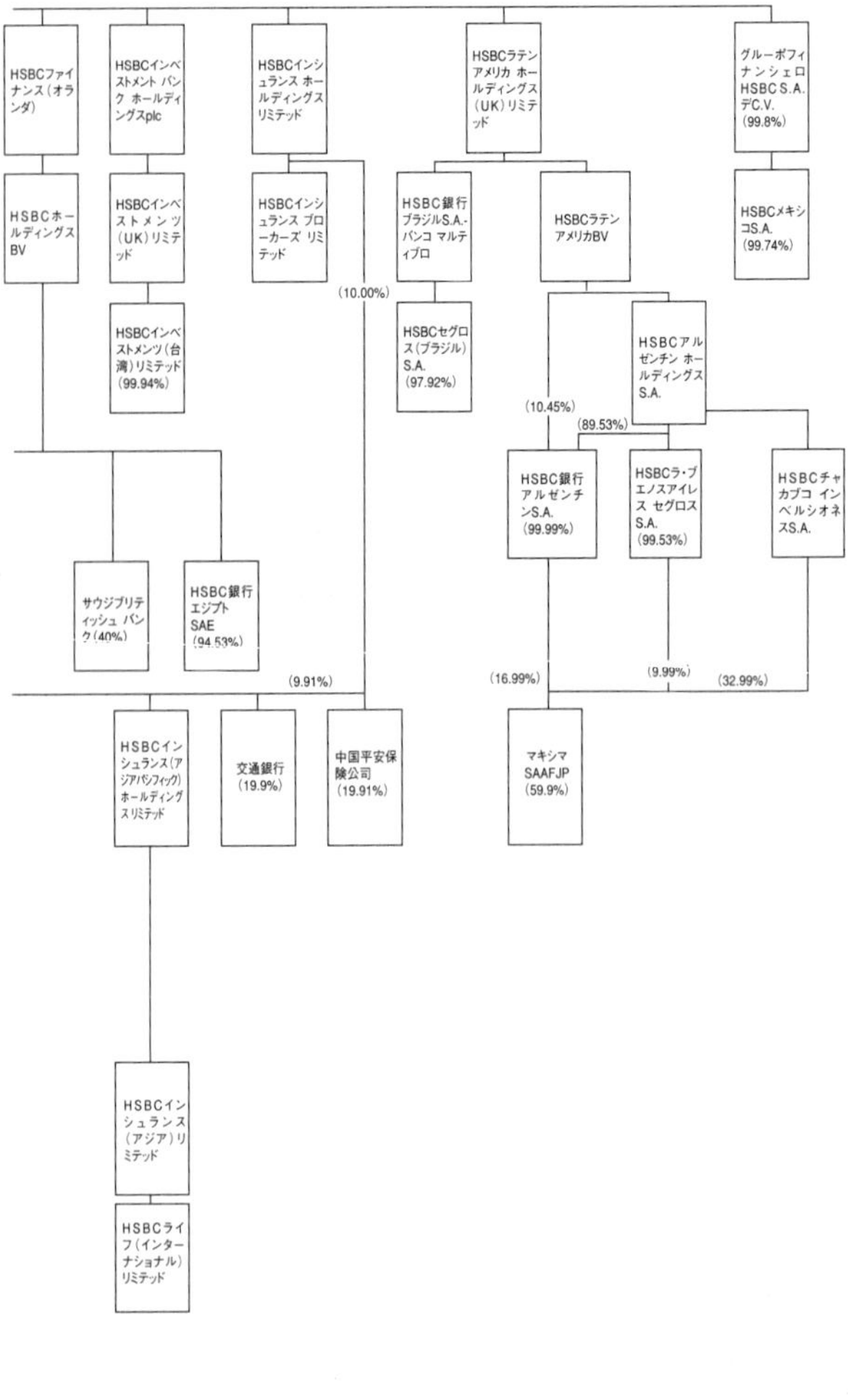
HSBCファイナンス(オランダ)
HSBCホールディングスBV
HSBCインベストメント バンク ホールディングスplc
HSBCインベストメンツ(UK)リミテッド
HSBCインベストメンツ(台湾)リミテッド(99.94%)
HSBCインシュランス ホールディングスリミテッド
HSBCインシュランス ブローカーズ リミテッド
(10.00%)
HSBCラテンアメリカ ホールディングス(UK)リミテッド
HSBC銀行ブラジルS.A.-バンコ マルティプロ
HSBCセグロス(ブラジル)S.A.(97.92%)
HSBCラテンアメリカBV
グルーポフィナンシェロHSBC S.A.デC.V.(99.8%)
HSBCメキシコS.A.(99.74%)
HSBCアルゼンチン ホールディングスS.A.
(10.45%)
(89.53%)
HSBC銀行アルゼンチンS.A.(99.99%)
HSBCラ・ブエノスアイレス セグロスS.A.(99.53%)
HSBCチャカブコ インベルシオネスS.A.
サウジブリティッシュ バンク(40%)
HSBC銀行エジプトSAE(94.53%)
(9.91%)
(16.99%)
(9.99%)
(32.99%)
HSBCインシュランス(アジアパシフィック)ホールディングスリミテッド
交通銀行(19.9%)
中国平安保険公司(19.91%)
マキシマSAAFJP(59.9%)
HSBCインシュランス(アジア)リミテッド
HSBCライフ(インターナショナル)リミテッド

図1　HSBCグループの主要組織図

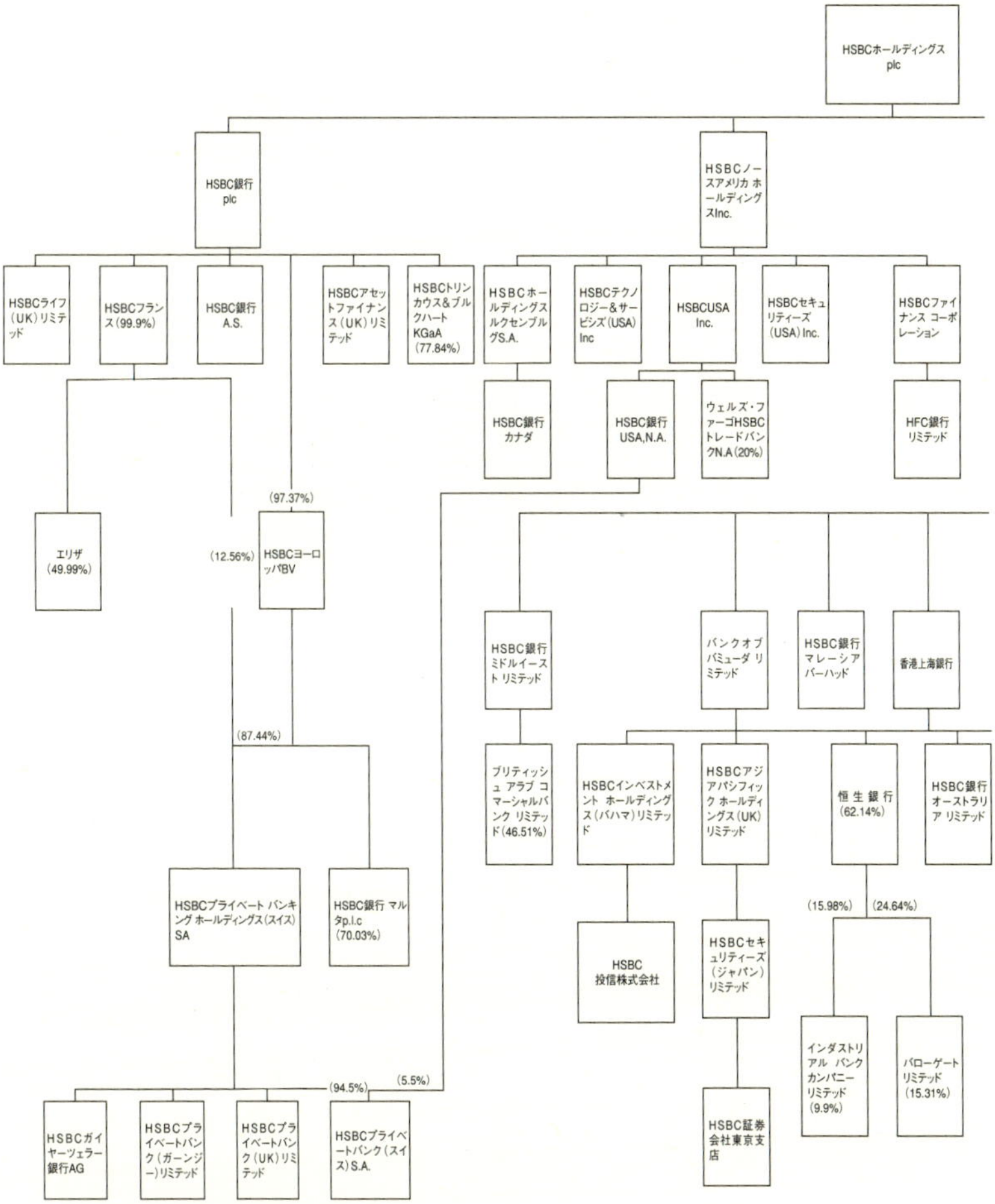

注：1）同チャートは、株式所有関係を簡略化したものですので、上部の企業が直接の持ち株会社でない場合があります。
　　2）社名の下に記載されている括弧内の数字は、HSBCグループが所有している株式の割合を示しています。
　　3）特に記載のない企業は、完全子会社です。
提供：HSBCホールディングス plc.

ＨＳＢＣ銀行ＰＬＣ（旧ミッドランド銀行）は英国ロンドンに本拠をおき、欧州各地に支店網をもつと同時に保険会社や資産運用会社など一五社を保有している。

ＨＳＢＣノースアメリカ・ホールディングス（旧マリン・ミッドランド銀行と旧リパブリック・ナショナル銀行の持株会社）は米国・カナダに展開する商業銀行、証券会社、消費者金融会社など一一社を擁している。消費者金融最大手のＨＳＢＣファイナンス・コーポレーション（旧ハウスホールド・インターナショナル）は二〇〇三年にＨＳＢＣグループに入ったニュー・フェースである。

ＨＳＢＣラテンアメリカ・ホールディングスは、南米地域で業務を行う商業銀行など九社で構成されている。ＨＳＢＣメキシコＳＡの親会社（二〇〇三年買収）がＨＳＢＣラテンアメリカ・ホールディングスとは別になっているのは暫定的な措置とみられる。

以上が地域別の銀行持株会社であるが、このほかに証券・保険部門にも持株会社がある。その一つＨＳＢＣインベストメント・バンク・ホールディングスは、欧州に子会社、台湾に孫会社が一つずつある。また、ＨＳＢＣインシュアランス・ホールディングスには子会社が一社ある。これら二つの持株会社は未だ経営規模が小さく、いずれ、地域別持株会社の保険・証券子会社との再調整が必要となるであろう。いずれにしても、組織はかなり複雑に交錯している。

ＨＳＢＣホールディングスの、すなわちＨＳＢＣグループ全体の最高意思決定機関は取締役会である。取締役会は、業務執行取締役五人、非常勤（社外）取締役一五人、合計二〇人で構成されている。このほかに、法律顧問一人、秘書役一人が配置されている。取締役会会長は業務執行取締役のなかから選出されるが、副会長二人はいずれも社外取締役のなかから選出される。社外取締役には著名企業の会長・社長や大学教授・公認会計士等を迎え入れている。さらに取締役会を補佐するため、六人のマネージング・ダイレクター（二〇〇三年に新設）と三七人のジェネラル・マネージャーが任命されている。

取締役会には、経営管理、監査、給与・報酬、人事、社会的責任（ＣＳＲ）の五委員会が設置されている。

経営管理委員会は、取締役会の権限の下に開催され、全般的経営事項を審議する。構成メンバーは、ＨＳＢＣホールディングス会長、業務執行取締役、及びマネージング・ダイレクター計一一人である。監査委員会は、社外取締役五人で構成され、決算の監査、法務リスクの管理方法等に関して関係部門と協議し、審議する。

給与・報酬委員会は、監査委員会メンバー以外の社外取締役四人で構成され、賃金、退職金などの雇用条件のあり方や、人材養成計画等を審議する。人事委員会は、給与・報酬委員会と同一メンバーで構成され、会長と協議のうえ、次期取締役候補を選考し取締役会へ提案する。CSR委員会は社外取締役四人及び取締役会メンバー以外の三人、計七人で構成される。

次に取締役の担当部署に目を転じよう。

HSBCグループ内の各銀行等にそれぞれ役員が配置されているが、兼任がきわめて多くみられる。まず、頂点に立つHSBCホールディングスからみていこう。HSBCホールディングスの取締役会は前述のように五人の業務執行取締役（うち一人は会長）と一五人の非常勤の社外取締役（うち、二人は副会長）から構成されているが取締役は多様な経験を生かす狙いから、その出身地は七カ国にわたっている。

業務執行取締役五人のうち、四人は、それぞれHSBCグループの会長、チーフ・エグゼクティブ、チーフ・オペレーティング・オフィサー、ファイナンス・ダイレクターを兼ねている。業務執行取締役は、HSBC本体、HSBC銀行PLC、HSBC銀行ノースアメリカ・ホールディングス、などグループ内主要金融機関の役員も兼任している。

3　持株会社の組織と機能

持株会社、ＨＳＢＣホールディングスの職員は四〇〇人を超えており、①グループ全体の経営方針の作成、②子会社に許容するリスク限度の決定、③共通システムの構築、④事務手続の標準化などを行なっている。

持株会社の役員や上級幹部は、英国、香港、北米、南米の地域別銀行持株会社（子会社）などの役員を兼務し、子会社の最高経営責任者や役員として直接経営に携わるものが多い。各子会社の経営陣には、業務運営上の責任と権限が明示されている。各子会社は、地域ごとの経営環境をふまえて、三年ごとに業務計画を作成し、三カ月ごとに進捗状況を持株会社へ報告している。

傘下の各金融機関は世界各地に展開しているため、グループ内の意思疎通を図るため、出張のほか、役員、部長、担当者など各レベルで電話会議やテレビ会議などを頻繁に開いている。

ＨＳＢＣグループは業態別子会社の機能を活用し、投資信託や保険のクロスセールスを行なうとともに、アドバイザリー業務やプライベート・バンキング業務などの高度なサービスを顧客へ提供している。

ＨＳＢＣグループでは、グループ全体の総合力を高めるため、情報の共有化を推進している。また、グループ各社の結束を強化するため、グループ共通の経営方針を策定し、全従業員へ配布するなどの取り組みも行なっている。実際、一九九九年には「価値を創造する経営」を、また二〇〇四年には「成長を高める経営」をスローガンとする五カ年計画を打ち出している。

ＨＳＢＣグループは金融機関を買収した際、本部機構や投資銀行部門などの整理統合を進めるとともに、事務の標準化やシステムの統一化を図り、グループ全体の効率性の向上を目ざしている。

しかし、金融機関を買収した際やトラブルが発生した場合には、世界各地に配置されているインターナショナル・オフィサーが随時召集される。インターナショナル・オフィサーはグループ全体で五〇〇人程度任命され、ＨＳＢＣグループの経営のノウハウの提供により、グループの経営効率の向上を目ざしている。

ＨＳＢＣホールディングスの傘下に、地域別持株会社と証券、保険持株会社を配置したうえで、①システムの統一化やインターナショナル・オフィサー制度などによって効率の向上を図っていること、②クロスセールスなどにより、収益強化を図っていること、③人事配置などにより、グループの基本方針を浸透させつつ、業務計画を策定する際には地域ごとの特殊性を考慮していること、などはマルチリージョナル・バンクを運営するに当たり、ＨＳＢＣが独自に生み出したものとして評価できる。

4　本部機構の移転と本部ビル

一九九二年ミッドランド銀行の完全子会社化にともない生じた重要な出来事は持株会社、HSBCホールディングスの本部機構を一九九三年一月に、香港からロンドンへ移転したことである。これは英国の監督当局の要請に応えたものである。ただし、HSBC（本体）の本店は香港から移転したわけではない。HSBCホールディングスはイングランド銀行の監督下にあるが、HSBCホールディングス傘下の各銀行はそれぞれ所在国の監督当局の規制に服している。HSBCグループは、従来から現地責任者による迅速な意思決定を行なっており、ロンドンにあるHSBCホールディングスは経営戦略をはじめ、人事管理、法務、総務、資金計画とその管理など、重要な本部機能のみを保有している。一九九八年に、HSBCはこれらの本部機能及びロンドンを本拠地とするHSBC銀行PLCの業務を、ロンドンのドックランズ地区に建設する新本部ビルに統合することを決定した。四五階建の本部高層ビルは、フォスター・アンド・パートナーズ社により設計され、二〇〇二年に完成した。

ミッドランド銀行の買収により、世界で最大級の金融グループに成長したHSBCグループは、業務を統合・強化することに努めた。その結果、早い段階でロンドン、ニューヨーク及び東京の資金為替部門の統合、技術面の標準化を達成した。一九九二年には、ロンドン・テームズ河畔に、HSBCグループの新しいディーリング・ルームが開設され、欧州最大の資金取引センターとなった（後に、新本部ビルへ移転）。同じ年、HSBCグループ全体のマーチャント・バンキング業務、証券業務、HSBCアセット・マネジメントを通じて行なわれる投資顧問業務を統合するため、HSBCインベストメント・バンク・ホールディングスが設立された。

❺ロンドンのHSBCグループ本部ビル（2002年完成）
提供：HSBCホールディングス plc（HSBCグループ・アーカイブ）。

一九九三年から九四年にかけてHSBCグループは、プライベート・バンキング業務及び証券保管業務の分野を強化した。HSBCグループの拡大により、これら事業部門はさらなる提携と効果的な技術開発、トレーニングを行なうことを可能にした。

一九九〇年代後半にHSBCグループは、世界有数の金融グループに成長し、銀行業務と金融サービスの提供者としての役割を果たしてきた。第一次五カ年計画（一九九九〜二〇〇三年）における「価値を創造する経営」というスローガンの下、古い成熟した市場と急成長するエマージング・マーケットでのビジネスと収益のバランスは鮮やかである、例えば、一九九七年に南米で新しい子会社を設立し、二〇〇三年にはロイズTSB銀行のブラジル関連資産の買収が発表されるなど、エマージング・マーケットにおけるHSBCの勢力を拡大した。この結果、HSBCグループが拠点をもつエマージング・マーケット諸国数は一九九一年から二〇〇三年には七九カ国に拡大した。

統一ブランド

HSBCは国際市場により速くアクセスし、より広く認知されたいと考えている。一九九八年一一月、世界中の顧客や株主、職員に、HSBCグループとその価値を認識してもらうことを目的として、HSBCの名称とヘキサゴン（六角形のシンボルマーク）を同グループのすべての拠点で用いる方針を発表した。ブランドの統一は、世界的規模で、グループのアイデンティティーを明示し、新しい金融サービスや商品の提供を可能にした。二〇〇〇年に打ち出された最高傑作は、HSBCグループの重要な個人顧客向けの二四時間サービスである。HSBCブランドは一連のグローバル・マーケティング・プログラムのコアであり、世界の重要な空港で展開されている。二〇〇二年から、HSBCのアイデンティティは、HSBCグループの経験を強調し、多様な市場と文化に理解を示す〝世界のローカルバンク〟のきずなを生み出した。単一のグループ・アイデンティティの採用は、地域社会におけるHSBCの役割の統合と発展の仕事を単純化した。HSBCグループは政治献金は一切行なっていない。しかしHSBC教育トラストなどを通じて、HSBCグループは教育プロジェクト数百件、世界の子供たち数千人を援助している。二〇〇一年に、HSBCは、アースウォッチ、WWF及び国際植物園保護団体と共同で、環境保護プロジェクト「自然への投資プログラム」という五カ年計画を始めた。

このように積極的な進取の気性は、二〇〇三年秋に開始された、「成長を高める経営」という、HSBCグループの新五カ年計画を鮮やかに特徴づけている。HSBCのユニークな国際的フランチャイズの上に立つ戦略は、個人金融サービス、消費者金融、商業銀行業務、企業・投資銀行業務、資本市場業務及びプライベート・バンキングの基軸的顧客グループに焦点を絞ることによって、成長を図ろうとしている。

今日、一兆二、〇〇〇億米ドルを超える総資産をもつHSBCグループは、世界の銀行及び金融の分野で主導的地位を占めている。その国際的ネットワークは五大陸に広がり、世界の一億を超える顧客に金融サービスを提供している。HSBCグループは世界の異なる市場における傘下企業の色彩豊かな長い歴史を反映してグローバルな広がりをもっている。この際立った歴史と経験によってHSBCは、二一世紀の、急速に変化する金融・経済環境に挑戦できる強力な基盤を確保しているといえよう。

近年におけるHSBCグループの買収戦略と成長は国際金融界における地理的存在感をいちじるしく高めたが、HSBCグループの北米における地位は、アジアや欧州市場ほど強固ではなかった。北米における跳躍台としてHSBCホールディングスは、ロンドン、香港（一九九一年）についで、一九九九年ニューヨーク証券取引所に株式を上場した。これと並行して、HSBCホールディングスの株式は、米ドル建の普通株（額面五〇セント）と英ポンド建優先株（額面一ポンド）の二種類に統一され、単純化が図られた。さらに、パリ（二〇〇〇年）及びバミューダ（二〇〇三年）の取引所にも上場された。

5　HSBCの買収戦略

ＨＳＢＣグループは一九五九年以来、海外の商業銀行などを積極的に買収してきた。これは、①営業地域を分散させることにより、香港経済に過度に左右されない体質を醸成すること、②規模の拡大によりシステム投資などの負担が軽減できること、③世界的なネットワークを構築することにより国際金融市場での存在感を高め、投資銀行業務等の競争力を向上させること、などのメリットがある。

一九五九年以降買収戦略を推進した結果、ＨＳＢＣグループの拠点は、アジア・大洋州、南・北米州、欧州、中東など世界七七カ国・地域の九、七〇〇カ所以上に及び、商業銀行業務を中心に投資銀行業務、保険業務など幅広く展開している。

現在ＨＳＢＣグループは、銀行業とファイナンスの分野で主導的な地位を占めており、その国際的なネットワークは、五大陸にわたっている。ＨＳＢＣグループ各社による世界中のさまざまな市場における長年にわたる多彩な経験を反映して、同グループは国際的な視野に立ち、今日も活動を続けている。激しく変動している金融の世界でＨＳＢＣはその歴史と経験を生かしてさらなる発展を目ざしているのである。

かくて、HSBCグループは、今やHSBCホールディングスを頂点とする一大金融コングロマリットとなったのである。その原動力は一九五九年以降展開してきた積極的な買収戦略にある。これだけ多数の買収を繰り返しながら、依然として高い自己資本比率（二〇〇四年末一二・〇%）と株主資本利益率（二〇〇四年末一四・四%）を維持しているのは驚きである。

また、グループ全体の業績を示す株主帰属利益は一九九一年の五億八、六〇〇万ポンドから一九九九年には三三億四、二〇〇万ポンド（五四億八〇〇〇万米ドル＝六一九億三、二〇〇万香港ドル）、さらに二〇〇四年には六四億六、五〇〇万ポンド（一一八億四、〇〇〇万米ドル＝九二二億二、二〇〇香港ドル）に増大し、史上最高を記録したのである。

ロンドンの『ザ・バンカー』誌が毎年発表する世界銀行ランキングをみるとHSBCグループの近年における躍進は目覚ましい。

まず、基幹資本（Tier 1）による順位をみると、HSBCグループは、一九九二年に初めてベストテン入りし、九四年には七位となった。そして九五―九七年間は第一位に上ったが、九八、九九年三位、二〇〇〇―〇一年五位へ後退した後、〇二年以降三位へ復帰している。

一方、総資産では、一九九六年に初めてベストテン入りし、九七年に五位まで上昇したものの、九八、九年には七位へ後退し、二〇〇〇年に六位、〇一年八位、〇二年七位、〇三年五位、〇四年四位と着実に上昇している。

これらの順位は、合併により大きく影響される。HSBCは、近年では、一九八七年に米マリン・ミッドランド銀行、九二年に英ミッドランド銀行、九九年米リパブリック・ニューヨーク、二〇〇〇年フランス商業銀行（CCF）、〇三年米ハウスホールド・インターナショナルなどの大型買収を行なっており、こうした大型買収が、総資産の増大に大きく寄与しているのはいうまでもない。

HSBCグループの経営理念

HSBCグループには一貫した経営理念がある。HSBCホールディングス会長ジョン・ボンド（一九九八年以降在任）は日本経済新聞のインタビューに対して次のように語っている。

――HSBCの経営理念は、

一言でいえば利益を伴った成長だ。資本を有効活用し、しかるべき利益を株主に還元する経営である。七四年初めにHSBCの株式を買った投資家が、その後の配当も再投資し続けたとすれば、株価上昇で九九年初めまでに毎年の平均利回りにして二割超を享受できた計算になる。銀行経営成功のカギは、顧客利益の重視、与信管理、費用管理の三つ。金融機関はこの原則を踏まえ、それぞれの独自色を出していく。

——利益に伴った成長に必要なものは

我々は設立時から貿易金融を主業務とする国際的な金融機関であり、その海外展開には原則がある。安定的で成熟した先進国市場から得る利益と、高成長だが不安定な新興市場からの利益を五割ずつに均衡させ、リスクを分散させる。

業務もより多くの利益を生み出す分野に絞り込む。まず、資産運用業務。そして、預金口座だけではなく年金、保険などあらゆる種類のサービスを提供、個人を囲い込む。（証券の引き受け、合併・買収の仲介など）投資銀行業務は重要だが、事業全体に占める比重は一〇——一五％、企業向け商業銀行業務と組み合わせて展開する。

（「ジョン・ボンド会長に聞く」『日本経済新聞』一九九九年七月一九日付より）

営業拠点や業務の分散、広域化はリスクの分散にとって有効である。しかし、かくも急速な拡大が経営組織の肥大化、硬直化を招き、潜在的なリスクを増大させることにならないか、懸

表7　HSBCの財務指標（1905－2000年）（単位：1,000香港ドル）

年	総資産	資本金	剰余金	純利益	配当金
1905	313,950	10,000	18,500	5,379	£2-10s
10	377,283	15,000	30,500	6,580	£4
15	436,161	15,000	33,000	n.a.	£4-10s
20	544,810	15,000	35,260	n.a.	£8
25	703,829	20,000	64,562	n.a.	£8
30	1,214,682	20,000	128,357	n.a.	£7
34	947,962	20,000	86,097	n.a.	£6
40	1,246,008	20,000	114,874	n.a.	£5
45	1,517,862	20,000	115,872	n.a.	－
50	3,467,650	20,000	96,360	n.a.	£5
55	3,427,199	25,000	128,000	20,580,	£5
60	4,418,052	79,046	240,000	42,190	£3-15s
65	7,950,096	158,092	240,000	60,497	10s
70	16,223,653	382,583	270,000	114,218	35.5c
75	35,516,482	867,662	829,925	312,314	58c
80	104,278,861	2,785,585	6,007,800	1,159,700	65c
85	545,610,000	7,865,000	11,746,000	2,719,000	38c
90	1,158,256,000	16,161,000	37,341,000	3,096,000	39c
95	1,172,516,000	16,254,000	51,586,000	25,275,000	32c
2000	1,761,970,000	16,258,000	74,554,000	25,965,000	2.5

出典：*The Bankers Almanac* 各年版。

念される。幸いこれまでのところ、高い自己資本比率と収益力を維持しているものの、さらなる拡大には問題があろう。ここ暫くは買収を控えて戦前のような保守的で慎重な経営のカジ取りを期待したい。

表8　HSBCの財務指標（1991年以降）（単位：100万香港ドル）

年	総資産	資本金	剰余金	資本金及び剰余金	純利益	配当金
1991	938,715	16,254	13,346	29,600	n.a.	n.a.
92	972,760	16,254	26,563	42,817	n.a.	n.a.
93	1,131,567	16,254	31,268	47,522	13,593	n.a.
94	1,078,978	16,254	35,085	51,339	18,907	n.a.
95	1,172,516	16,254	51,586	67,840	16,627	32c
96	1,294,672	16,254	67,176	83,430	19,254	n.a.
97	1,475,449	16,258	74,911	91,169	19,797	n.a.
98	1,481,164	16,258	63,241	79,499	10,785	n.a.
99	1,637,892	16,258	63,228	79,486	17,905	34c
2000	1,761,970	16,258	74,554	90,812	25,965	82.5
01	1,742,741	44,973	38,192	83,165	26,237	n.a.
02	1,868,700	44,940	46,194	91,134	25,167	n.a.
03	2,148,741	51,603	58,409	110,012	25,797	n.a.
04	2,459,045	74,213	73,282	147,495	33,565	7.84

出典：*The Bankers Almanac* 各年版。

表9　HSBCホールディングスの財務指標（連結）（単位：100万香港ドル）

年末	総資産	資本金	剰余金	資本金及び剰余金	当期利益	1株当り配当金
1991	1,248,796	16,301	39,985	56,286	5,664	1.85
92	1,999,037	24,091	69,861	93,952	14,321	2.23
93	2,353,091	24,107	82,481	106,594	20,624	2.68
94	2,435,345	25,258	136,139	130,397	24,334	3.26
95	2,721,816	25,488	135,156	160,644	30,044	3.84
96	3,113,037	26,504	173,355	199,859	37,587	5.40
97	3,654,636	26,390	183,427	209,817	42,550	6.32
98	3,742,309	26,669	185,587	212,256	33,447	7.17
99	4,423,917	32,880	226,800	259,680	41,961	2.64
2000	5,255,749	36,145	319,301	355,446	51,645	3.39
01	5,426,449	36,479	322,065	358,544	42,167	3.74
02	5,920,600	36,970	371,692	408,662	48,658	4.13
03	8,028,618	42,549	535,134	578,134	68,325	4.65
04	9,924,395	43,428	629,893	673,321	92,222	5.15

出典：HSBC Holdings, *Annual Report* 各年版。

第四章　ＨＳＢＣと日本

香港上海銀行（ＨＳＢＣ）は、一八六六（慶応二）年に横浜支店を開設した。わが国最初の銀行である第一国立銀行の設立（一八七三年）の七年前のことである。ＨＳＢＣは日本へ進出した外国銀行（外銀）としては六番目であったが、今日営業している外銀中、最古参である。ＨＳＢＣは、幕末開港（一八五九＝安政六年）後、最初に日本へ進出したセントラル・バンク・オブ・ウェスタン・インディア（一八六三年横浜支店開設）に遅れることわずか三年であり、以来一四〇年の長きにわたって在日支店を維持しているのである（表10参照）。

1　日本進出は慶応年間

ＨＳＢＣの対日戦略は当初から積極的であった。ＨＳＢＣは、一八六五年三月に香港本店で開業し、同年中に上海、ロンドン両支店を開設し、神奈川（横浜）には代理店（委嘱先は、マクファーソン・アンド・マーシャル商会）を開設した。一八六六年五月（慶応二年四月）横浜代理店を支店に昇格させ、翌六七年長崎に代理店（委嘱先はグラバー商会）を開設し、六八（明治元）年には、開港直後の兵庫（神戸）にも代理店（委嘱先はアドリアン商会）を開設した。そして、一八七〇年五月（明治三年四月）に兵庫の代理店を支店に昇格させ、一八七二（明治五）年初には大阪にも支店を開設した。さらに、一八八六（明治一九）年函館代理店（委嘱先はヘンソン商会）を開設し、一八九二（明治二五）年には、長崎の代理店を支店に昇格させた。

なお、安政条約で定めた開港場は神奈川、兵庫等であったが、外国人居留地が設けられたのは、それぞれ隣接する横浜、神戸であった。このため、神奈川と横浜、兵庫と神戸は同一場所ではないが、当時はほぼ同義語として扱われていた。

こうして、安政条約改正（一八九九年）前に、ＨＳＢＣが日本に開設した支店は四カ店、代理

表10　幕末維新期に日本へ進出した外国銀行

銀　　行　　名	銀行設立	横浜支店開設
Central Bank of Western India	1861年	1863年 3 月
Charterd Mercantile Bank of India, London & China	1853	1863　4
Commercial Bank of India	1845	1863　9
Oriental Bank Corporation	1842	1864　8
Bank of Hindustan, China and Japan, Ltd	1862	1865　2
Hongkong & Shanghai Banking Company, Ltd	1865	1866　5
Comptoir d' Escompte de Paris	1848	1867　9
Deutsche Bank A.G.	1870	1872　5

出典：立脇和夫『在日外国銀行史』日本経済評論社、1987年。

店は五カ店（支店昇格分を含む）にのぼり、当時、日本へ進出していた外銀の中で最多であった。これに続くのはオリエンタル銀行（Oriental Bank Corporation、一八六四年横浜支店開設）の三支店、三代理店であった。しかも、ＨＳＢＣの神戸・長崎両支店はそれぞれの開港場における最初の外国銀行であり、とくに神戸においては、本邦銀行（邦銀）も含めて、最初の銀行で、ＨＳＢＣの積極戦略を反映したものということができる。

横浜支店の開設

一八六六年五月、オーバーレンド・ガーニー恐慌がロンドンを襲い、その影響が横浜にも波及していた頃、ＨＳＢＣは横浜支店を開設した。前年五月に開設した代理店を支店に昇格させたのである。支店の英文表記は、当初 Japan Agency（後に Yokohama Branch）であった。

なお、Branch も Agency も日本語では支店である。一般に前者がすべての銀行業務を扱うのに対して、後者の業務は限定的である。例えば、昔であれば銀行券を発行できないとか、今日では小口預金を扱えない等である。出張所に当たる英語はSub-Branch、Sub-Agencyである。そして、代理店に当たる英語はAgentsとなる。

『HSBC百年史』(*WAYFOONG*)は、横浜支店の開設が一八六六年五月であったと記しており、また、同史参考資料(タイプ版)もHSBCが一八六五年五月に横浜のマクファーソン・アンド・マーシャル商会に代理店を委嘱し、翌一八六六年五月、横浜支店を開設して、前マー

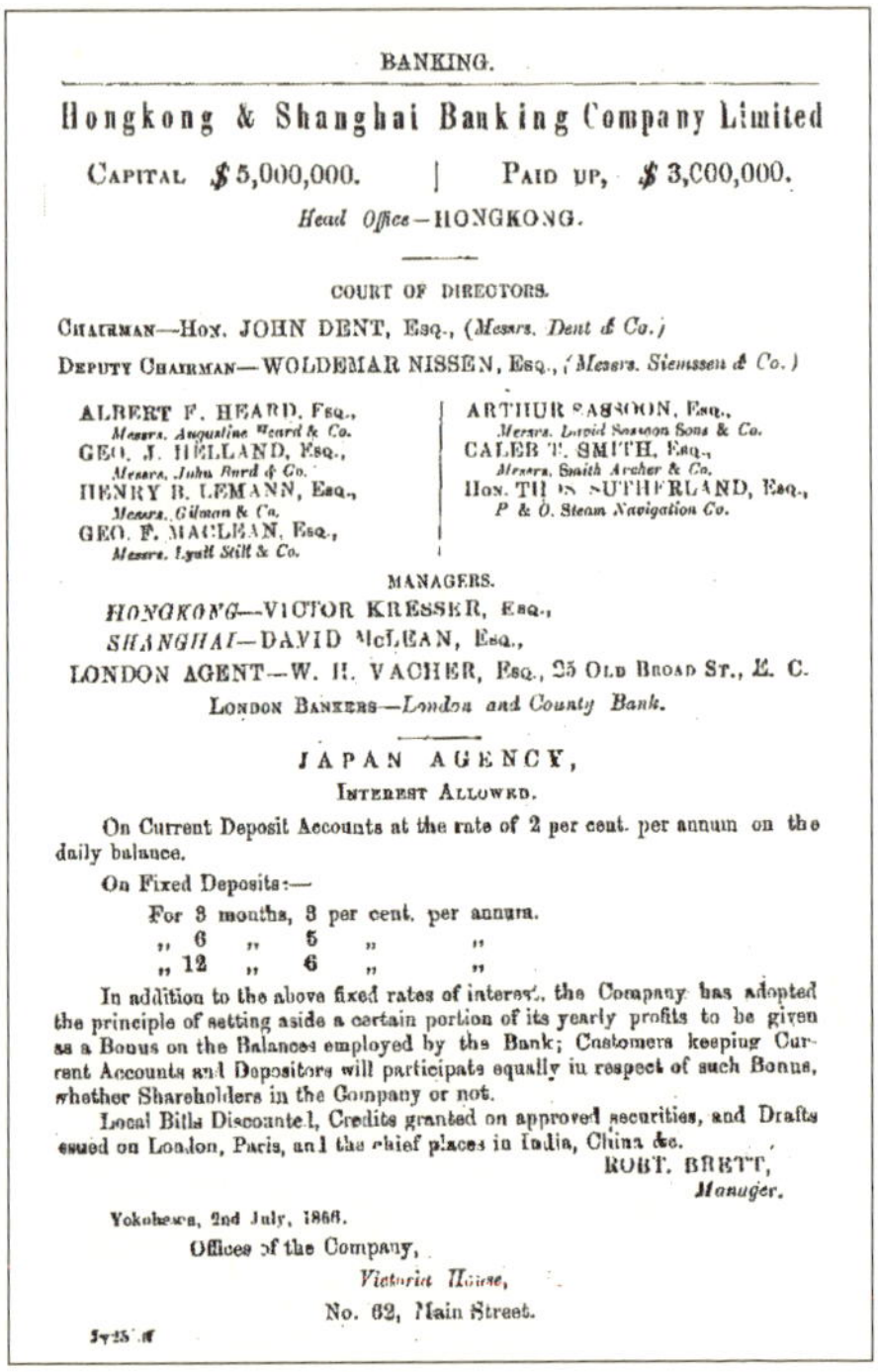

BANKING.

Hongkong & Shanghai Banking Company Limited

CAPITAL $5,000,000. | PAID UP, $3,000,000.

Head Office—HONGKONG.

COURT OF DIRECTORS.

CHAIRMAN—HON. JOHN DENT, ESQ., (*Messrs. Dent & Co.*)

DEPUTY CHAIRMAN—WOLDEMAR NISSEN, ESQ., (*Messrs. Siemssen & Co.*)

ALBERT F. HEARD, ESQ., *Messrs. Augustine Heard & Co.*

GEO. J. HELLAND, ESQ., *Messrs. John Burd & Co.*

HENRY B. LEMANN, ESQ., *Messrs. Gilman & Co.*

GEO. F. MACLEAN, ESQ., *Messrs. Lyall Still & Co.*

ARTHUR SASSOON, ESQ., *Messrs. David Sassoon Sons & Co.*

CALEB T. SMITH, ESQ., *Messrs. Smith Archer & Co.*

HON. THOS SUTHERLAND, ESQ., *P & O. Steam Navigation Co.*

MANAGERS.

HONGKONG—VICTOR KRESSER, ESQ.,

SHANGHAI—DAVID McLEAN, ESQ.,

LONDON AGENT—W. H. VACHER, ESQ., 25 OLD BROAD ST., E. C.

LONDON BANKERS—*London and County Bank.*

JAPAN AGENCY,

INTEREST ALLOWED.

On Current Deposit Accounts at the rate of 2 per cent. per annum on the daily balance.

On Fixed Deposits:—

For 3 months, 3 per cent. per annum.
" 6 " 5 " "
" 12 " 6 " "

In addition to the above fixed rates of interest, the Company has adopted the principle of setting aside a certain portion of its yearly profits to be given as a Bonus on the Balances employed by the Bank; Customers keeping Current Accounts and Depositors will participate equally in respect of such Bonus, whether Shareholders in the Company or not.

Local Bills Discounted, Credits granted on approved securities, and Drafts issued on London, Paris, and the chief places in India, China &c.

ROBT. BRETT,
Manager.

Yokohama, 2nd July, 1866.

Offices of the Company,
Victoria House,
No. 62, Main Street.

Jy25 .tf

❻HSBC横浜支店の営業広告

出典:*THE DAILY JAPAN HERALD*, Oct 1, 1866.

カンタイル銀行（the Chartered Mercantile Bank of India, London and China）横浜支店長ロバート・ブレット（R. Brett）を支店長に任命した、と記している。

なお、横浜の英字新聞『ジャパン・タイムズ』では、一八六六年一月—六月中にHSBC横浜支店の開店広告は見当たらないが、『デイリー・ジャパン・ヘラルド』の一八六六年一〇月一日号に掲載されたHSBC日本支店の営業広告の出稿日付及び同店が発行した洋銀券の発行日付は、ともに一八六六年七月二日となっており、七月には本格的に業務を展開していたことがうかがわれる。

HSBCは、他の多くの外国銀行と同様、外国為替業務を行なうとともに、外貨建ではあるが、洋銀券の発行及び当座預金の取扱いを通じて、幕末の日本で、現金通貨並びに預金通貨を発行していたことは注目に値する。外国為替業務は、一八八〇年に横浜正金銀行が設立されるまで、外国銀行の独壇場であった。

❼明治期のHSBC横浜支店

提供：HSBCホールディングス plc（HSBCグループ・アーカイブ）。

ＨＳＢＣの対日戦略

ＨＳＢＣが横浜支店を開設した一八六六（慶応二）年には、オーバーレンド・ガーニー恐慌により、多数の銀行、商社が倒産した。当時、横浜に支店を開設していた外国銀行五行のうち、マーカンタイル銀行とオリエンタル銀行の二行だけが生き残り、セントラル・バンク、コマーシャル・バンク及びバンク・オブ・ヒンダスタンの三行が破綻した。当時、横浜で発行されていた諷刺漫画雑誌、『ジャパン・パンチ』は横浜の外国銀行界に波及した恐慌を象徴的に画いている。そこでは、オリエンタル、マーカンタイル両行が強固な岩盤の上に立っているのに対して、セントラル、コマーシャル両行がすでに沈没し、バンク・オブ・ヒンダスタンも傾いている（次ページ参照）。

このように、外国銀行横浜支店の大半が破綻した時期にＨＳＢＣが横浜支店を開設したのは、偶然とはいえ、良いタイミングとはいい難い。しかし、ＨＳＢＣの対日戦略は当初から積極的であった。当時、外国銀行の主要業務は、外国為替、預金、貸出、洋銀券発行であったが、ＨＳＢＣの経営戦略上注目されるのは預金に対する取り組みである。当座預金は一般に無利子であったが、ＨＳＢＣでは、本店でも支店でも二％の利子を払っていた。定期預金に対してはもとより利子が支払われていたが、利率は銀行によって区々であった。ちなみに一八六〇年代に

❽横浜金融界の激動（幕末期）
出典：*The Japan Punch*, 1866.

おける、各行の一カ年定期の金利をみると、セントラル、コマーシャルの両行が七%、HSBC六%、オリエンタル銀行四%であった。
HSBCは、さらに全預金者に対して、毎年純利益の一定割合をボーナスとして支払っており、預金獲得に対する積極的な姿勢がうかがわれる。

HSBC横浜支店は、当初（一八六六―八九年）外国人居留地六二番にあったため、しばしば「六二番バンク」と呼ばれていた。初代の横浜支店長は、マーカンタイル銀行からスカウトしたブレットであったが、設立後、日の浅い銀行ゆえに、輸入人事は止むをえないことであった。ブレットはマーカンタイル銀行上海支店次席および初代横浜支店長の経験が買われたものとみられる。

しかし、横浜支店開設当初の業績は芳しくなく、ブレットは支店長就任後一年で「無能」の故をもって解任された。次いで本店から派遣された二代目横浜支店長ジョン・グリゴールは本店の指示に反する貸付を行なって二万ドルの損失を発生させたため、まもなく更迭された。そして、一八七一（明治四）年にトーマス・ジャクソンが第三代支店長に就任したのち、ようやく横浜支店の営業基盤が確立されることとなる。

ジャクソンは、横浜支店長（一八七一―七四年在任）の後、一八七六―一九〇三年間に三度、通算一一年間にわたってHSBC頭取を務め、HSBCの飛躍的発展をもたらしたが、横浜支店長時代においても、オリエンタル銀行の独占的地位に挑戦を試み、日本政府当局と接触するなど、腐心のあとがみられる。一八七〇年九月（明治三年八月）彼は本店に対して、日本政府と旧藩主に対する与信の承認を申請したが、取締役会は、十分な担保がない限り認められない、と回答している。また、一八七一年一一月、ジャクソンは日本政府に対する一五〇万ドル、期間五年の借款供与を本店へ上申したが、その頃日本で台湾征伐の動きがあり、清国政府からその防衛のための借款（福建台防借款）の要請を受けていたので、双方にコミットすることはできない、という本店の判断で見送られた。このほか、ジャクソン在任中の一八七二年には大阪支店を開設したほか、横浜為替会社との取引を円滑に行なうため、同年一一月二〇日以降、「日々留リ合決算ノ上」HSBC「ヨリ貸シトナリタル高ニ八年五分ノ利子ヲ収メ」横浜為替会社「ヨリ貸トナリタル高ハ年二分ノ利子ヲ付スルノ約定」を締結し、取引を開始したのである。

こうして、ジャクソンは四年間に及んだ横浜支店長時代に、支店網の拡充、対政府借款の交渉、横浜為替会社との取引開始など、積極的な戦略を展開したにもかかわらず、オリエンタル銀行の強固な独占的基盤を突き崩すことができず、日本ではさしたる成果をあげることはできなかった。

2　明治三年兵庫（神戸）支店開設

安政条約にもとづく兵庫の開港は、一八六八年一月一日（慶応三年一二月七日）で、神奈川より八年半遅れて実現した。ＨＳＢＣは、開港後、兵庫に支店を開設した外国銀行第一号であった。兵庫支店開設時期に関して、神戸のジャパン・クロニクル・プレス社が発行した *The Japan Chronicle Jubilee Number 1868-1918*（邦訳『神戸外国人居留地』）には次のように記されている。

開港後二年間の貿易量からみると驚くべきことであるが、二年半近くの間、神戸には銀行の支店がひとつもなかった。香港上海（ＨＳＢＣ）、オリエンタル両行は当初アドリアン商会に代理店を委嘱していたが、銀行のないことは貿易業者にとって不便なことであった。香港上海銀行が最初にこの要求に応えて、一八七〇年五月七日（明治三年四月七日）、神戸支店を開設した。場所は居留地八〇番であった。

初代の支店長はヘンリー・スミスで、当初は業務量も比較的少なく、一八七八（明治一一）年ごろになっても欧州人スタッフは支店長のモリソンと出納係のクレイクの二人だけであった。同行は数年後に居留地二番を購入し、一八九八（明治三一）年に現在の建物を新築した。

また、当時神戸で発行されていた英字新聞『ヒョーゴ・ニュース』には一八七〇年五月四日号にHSBC兵庫支店（Hiogo Agency）の開業広告（出稿日は一八七〇年五月三日）が掲載されているほか、五月七日号には、同行代理店アドリアン商会の業務移管広告（出稿日は七〇年五月七日）及び同行兵庫支店が同日開設された旨の記事も掲載されている。これによって、HSBC兵庫支店の開設が一八七〇年五月七日であったことが判明する。

不渡小切手事件

HSBC兵庫支店は一八七〇年五月に開設されたが、その数カ月後に同支店宛小切手をめぐるトラブルが発生した。一八七一年二月（明治四年一月）、大蔵省が受け取った当座小切手一枚（額面二一七ドル、振出日一八七〇年一一月一九日、振出人フランク・フィッシャー）を支払場所であるHSBC兵庫支店へ呈示したところ、同店は期限経過を理由に支払いを拒絶した。そこで大蔵省は振出人に遡及請求したが、フィッシャーは紛失小切手であると主張して支払いに応じなかったため、七二年三月（明治五年二月）大蔵省は英国領事法廷へ提訴するに至った。

Hongkong and Shanghai Banking Corporation.

In accordance with instructions received from the Head Office, we have this day transferred the Agency of the above Corporation to Mr. HENRY SMITH.

ADRIAN & Co.

Hiogo, May 7th, 1870.

Hongkong and Shanghai Banking Corporation.

The premises of the above Corporation, at No. 80, Main Street, Concession, will be opened for Public Banking Business on *Saturday, the 7th May*, 1870.

H. SMITH, *Agent.*

Hiogo, May 3rd, 1870.

❾HSBC兵庫支店の開業広告

出典：*The Hiogo News*, May 7, 1870.

問題の小切手は、神戸の外商フィッシャーが、牛を横浜へ出荷するため、小野新田の仲買商弁次郎から牛を買いつけ、その代金支払いのため、HSBC兵庫支店を支払場所として一八七〇年一一月一九日（明治三年一〇月二六日）に振り出した額面二一七ドルの小切手であった。この小切手は、最初の受取人である弁次郎から→江戸又（神戸の両替商江戸屋又五郎）→一八七一年一月二八日（明治三年一二月八日）長門屋（神戸の両替商長門屋長兵衛）へと転々譲渡され、一八七一年二月二八日（明治四年一月一〇日）大蔵省の手に渡ったものである。

この小切手が不渡りとなり、しかも振出人が遡及請求に応じなかったため、大蔵省は外交ルートを通じて解決を図ろうとした。そこでまず、兵庫県令神田孝平が一八七二年五月一八日（明治五年四月一二日）兵庫駐在英国領事に後記書簡を送り、善処を要望した。

以書翰致啓達候、然者貴国人民フランク・フイセル氏ヨリ差出候洋銀二一七弗証券一枚我大蔵省江相回リ、引替ノ儀ニ付先達而以来フイセル社中江大蔵省出張ノ者ヨリ掛合候処、何歟カ故障ヲ申立引替ヲ相拒候由、如何様ノ廉ヲ以テ相拒候歟、今一応フランク・フイセル氏御取糺ノ上至急埒明候様取斗有之度及御掛合候、拝具。

壬申（明治五年）四月十二日

神田兵庫県令

英国領事　アゼル・エ・ゼ・ガール貴下

さらに六月二日（明治五年五月一五日）には、県権参事からも英国代弁副領事へ下記書簡を送っている。

以書翰致啓達候、然ハ昨日長谷川出納助同行ニテ及御引合置候通弁次郎ナル者呼出シ相糺シ候処、別紙ノ通申出候間、フランク・フイセル氏ヨリ右切手高金二一七枚正洋銀ニ引替御取立可被下、此段及御依頼候、拝具。

壬申五月十五日

桜田兵庫県権参事

❿明治期のHSBC神戸支店

提供：HSBCホールディングスplc（HSBCアーカイブ）。

英国代弁副領事　ホール貴下

こうした兵庫県令などの要請をうけて、英国領事もフィッシャーに支払いを促したことであろう。しかし、フィッシャーがそれに応じなかったため、結局領事法廷に判断が委ねられたのである。

法廷の審理は一八七二年七月三一日（明治五年六月二六日）及び同年八月二一日に行なわれ、第二回目の審理後、H・S・ウィルキンソン判事（神戸港代弁副領事）は、被告が小切手を紛失したと認めるに足る証拠はないとして原告勝訴の判決を言い渡した。また、長期間支払呈示がなされなかった点についても、日本人は銀行宛小切手に関していつでも銀行が支払いに応じるものだという誤った観念をもっているので、支払呈示期間経過後の小切手が譲渡されても、正当な商取引が行なわれたものとみなした。その結果、被告に小切手金額二一七ドル及び訴訟費用七・五〇ドルの支払いを命じたのである。

大阪支店、長崎代理店の開設

『HSBC百年史』は、「同行が、香港から設備を購入して建設された大阪造幣局の操業開始後、日本商人と大量の金地金取引を行なうことを目的として、一八七二年初め大阪に支店(Agency)を開設した」と記している。佐上武弘(大蔵審議官)も、「百年史参考資料」に依拠して、HSBCが「大阪には一八七〇年に造幣局の金塊の現送を取り扱う関係で出張所を設けた」と述べている。

香港で発行された年鑑、『クロニクル・アンド・ディレクトリー』等をみると、HSBCが大阪の欄に初めて登場するのは一八七三年版(同年一月発行)であり、『HSBC百年史』の記述と符合する。したがって、大阪支店の開設時期は一八七二年とみられる。他方、その閉鎖時期について『HSBC百年史』には明示されていない。前記ディレクトリーの記載は一八七三年版のみであり、一八七四年―七七年版には、代理店としてフィッシャー商会の名が記載されており、支店閉鎖後四年間、代理店が開設されていたことを示している。

結局、HSBC大阪支店は開設後わずか一年間という短期間で閉鎖されたようである。しかも、その責任者は神戸支店長(または次席)が兼任していた点からみて、同支店がそれほど重要な存在であったとは考え難い。大阪支店が短命に終わったのは、同店開設の主目的であった大阪造幣局への貨幣鋳造用金地金の供給業務がオリエンタル銀行の独占的支配下にあり、とうていHSBCの入り込む余地はなかったためとみられる。

一方、長崎においては、HSBCは一八六七（慶応三）年にグラバー商会に代理店を委嘱していたことが『クロニクル・アンド・ディレクトリー』一八六八年版によって判明する。佐上はHSBCが「長崎にも一八七〇年代に代理店を設けた」と述べているが、HSBC長崎代理店が、前記ディレクトリーに一八六八年版から掲載されている以上、一八六七年にすでに開設されていたことは否定できない。

HSBC長崎代理店の委嘱先は、当初はグラバー商会であったが、一八七〇年アドリアン商会、七二年バン・デルデン商会、七六年R・ホルム、七八年T・ロバートソン、七九年再びR・ホルム、八一年ジャーディン・マセソン商会、八八年ブラウン商会へと、めまぐるしく変わっている。

3　洋銀券をめぐり明治政府と対立

ＨＳＢＣは、横浜支店開設当初から洋銀券を発行しており、現存している洋銀券（一八六六年七月二日付）にはＲ・ブレットの署名がある（図版―⓫参照）。横浜支店が発行した洋銀券で今日まで現存しているものは「五ドル券」「拾ドル券」「二拾五ドル券」「五拾ドル券」「百ドル券」「五百ドル券」の六種である。初期の洋銀券は、もともと香港で発行するために製造したものを転用したもので、上部に「香港上海滙理銀行」と漢字で印刷されており、その下部左側に発行地が太字で、Yokohama, Japan と印刷され、また、The Hongkong and Shanghai Banking Company, Limited, promises to pay the bearer on demand at its office here xxxx Dollars or the equivalent in the currency of Yokohama, value received. の兌換文言が印刷されている。裏面には、上下左右の余白部分に日本語で次のように記されている。

洋銀○枚請取候事実正也

右洋銀○枚或ハ横浜之通用金ヲ以テ勝手次第何時ニテモ無相違相渡シ可申候

❶HSBC横浜支店発行洋銀券

注：原寸はタテ125 mm×ヨコ205 mm。

出典：立脇和夫『在日外国銀行史』日本経済評論社、1987年。

日本横浜出店香港上海為替組右本店之手代堅約定

また、表面中央の下部には、Engraved on Steel by Ashby & Co., London と記されており、英国で製造されたことを示している。

HSBCは兵庫（神戸）支店でも洋銀券を発行していた。こちらはロンドンのバークレー社製で、「五ドル券」「拾ドル券」「五拾ドル券」「百ドル券」が現存している。支店長名や日付は不明である。その様式及び兌換文言は、横浜支店発行の洋銀券と同じであるが、地名を示すHiogo 及び漢字の文言がすべて印刷されており、当初から兵庫支店用として製造されたものであることを示している。

HSBCが日本で発行した洋銀券がどのくらいの規模にのぼるか詳らかでない。ただ、一八七三年一月、横浜支店長ジャクソンが取締役会の承認をえて実行した旧洋銀券（The Hongkong and Shanghai Banking Company Limited の名で発行されたもの）の消却額は二一万四八〇ドルと報告されている。

⑫HSBC兵庫支店発行洋銀券

出典：William L. S. Barrett 所蔵。

外銀連合のボイコット事件

一八七六（明治九）年、ジョン・ウォーターが、HSBC横浜支店長（一八七四―七五年在任）のとき、わが国政府が外国銀行洋銀券の流通阻止を企てたため、これに対抗してオリエンタル銀行を除く全外国銀行が連合して、第二国立銀行（前身は横浜為替会社）洋銀券をボイコットする事件が発生した。当時、日本で洋銀券を発行していたHSBCは当然のことながら、このボイコットに参加した。だが、ボイコットへの参加が、対政府取引の獲得にマイナスに作用したことは否めず、前任者ジャクソンの努力を無にするものであった。

事件は、同年四月一一日、政府が外国銀行洋銀券の排除方針を、開港場を管轄する府県に布達したのをうけて、神奈川県権令が次のように県下に布告したことから始まった。

〔明治九年神奈川県布達第九〇号〕

従来諸開港場ニ於テ外国銀行発行之証券「バンクノート」ヲ以テ通貨同様致取引候趣ニ候処、右証券発行ノ儀ハ固ヨリ我政府ノ許可セシ者ニ無之且右銀行之儀ハ我国ノ条例ヲ遵奉シ官ノ検査ヲ経ル者ニ無之候得バ、其証券ノ多寡資産ノ厚薄不相知儀ニ付、万一破産閉店等ニ至ルトキハ売買上不測ノ損害ヲ蒙リ候モ難計候条、自今我政府発行ノ通用幣国立銀行ノ紙幣第二国立銀行ノ洋銀券及ビ

締盟国現貨幣ヲ以取引致候様注意可致此旨布達候事。

明治九年四月一一日　神奈川県権令野村清

横浜においては、神奈川県布達第九〇号が発せられた後も、外国銀行洋銀券の市中流通に大きな変化はなく、「今以等閑ニ相心得荏苒取引致シ居候者モ有之哉ノ趣」にあった。このため神奈川県権令は六月三日布達第一三二号を発出し、先に発した布達第九〇号の趣旨を繰り返し強調するとともに、「右証券ノ多寡ト資金ノ当否モ難探知儀ニテ何時俄然破産分散致シ候モ難計然ルトキハ其損害ハ直チニ所持人ノ手ニ帰シ不容易迷惑ニ立至リ候儀ニ付決テ疎漏ノ取扱無之様精々注意可致」との警告を発したのである。

神奈川県布達第一三二号の浸透は迅速かつ強力であった。オリエンタル銀行を除く全外国銀行は第二国立銀行洋銀券のボイコットを決定し、横浜の英字新聞を通じて抗議のキャンペーンを展開した。まず、横浜の、『ジャパン・ガゼッツ』紙は、一八七六（明治九）年六月五日付で神奈川県権令の布達を報じたのに続いて、翌六日付で、外国銀行の動きを次のように報じた。

横浜ニ在ル諸外国銀行ハ内一軒ノ銀行ヲ除キテ権令野村氏ノ布告ニ対シ最上ノ返報ヲナシタリ。

「チャルタルド・メルカンタイル・バンク・オブ・インデヤ・ロンドン・エンド・チャイナ」「ホンコン・エンド・シャンハイ・バンク」「コントワール・デスコント・ドパリー」ノ三銀行ニ於テ、来ル一二日ヲ始メ日本ノ「バンクノート」ハ一切請取ラザルベシ。

当時、横浜に支店を開設していた外銀は、マーカンタイル銀行、オリエンタル銀行、HSBC及びパリ割引銀行（コントワール・デスコント）の四行であった。マーカンタイル銀行以下三外銀（オリエンタル銀行を除く）が連名で、一八七六（明治九）年六月六日付、『ジャパン・ヘラルド』紙に掲載した「ボイコット」広告は次の通りである。

公　告

下ニ掲載スル各銀行ハ本月十二日即チ月曜日後ハ日本各銀行ヨリ発行セシ証券ヲ受取ラザルベシ。

支配人　ジェー・サルボルン

印度龍動及ビ支那　チャルトルト・メルカンタイル銀行

香港、印度《ママ》、上海銀行

副支配人　ジョン・ウォルテル
支配人　E・G・ウォイルモント

コントアル・デスコント銀行

わが国政府による外国銀行洋銀券の排除政策は「国立銀行条例」（国立銀行以外の紙幣発行を禁止）をテコとするものであったが、その意図をただちに達成することはできなかった。『貨政考要』（大蔵省編）も、事件の結末を、「如斯ク紙幣頭ハ外国銀行証券ノ処分ニ尽力シタリト雖モ其結果ハ幾何カ第二銀行洋銀券ノ流通ヲ弘メタルニ止リ遂ニ当初ノ目的ヲ達スルコト能ハザリキ、而テ此ノ後ニ至リ格別此事ニ関シ記スベキモノ起ラザリキ」と結んでいる。

このように、政府による外国銀行洋銀券の排除措置は成功したとはいい難いが、問題は時間の経過とともに自然消滅したとみるべきであろう。

4　円銀・洋銀の平価通用で政府に協力

一八七七（明治一〇）年、HSBC横浜支店長に就任したA・M・タウンゼンドは、対政府協調路線に転じ、また強豪オリエンタル銀行がようやく退潮に向かったこともあり、やがてHSBCとわが国政府・企業との取引が始まる。

政府は、明治初年、洋銀（メキシコ銀貨）に対抗して発行した円銀（貿易一円銀）が、市中で洋銀に対してディスカウントされる事態を憂慮していたが、一八七八年に円銀の流通制限（従来は居留地に限定）を撤廃した後、円銀の平価流通を図るため、一八七九年九月、円銀と洋銀の平価流通を布告した。この布告（明治一二年太政官布告第三五号）をうけてHSBCはオリエンタル銀行とともに、この布告にそって、円銀を洋銀と何ら差別なしに取り扱う旨を新聞に公告し、日本政府から見返りに預金を獲得したのである。

政府は、円銀の流通促進のため、一八七九（明治一二）年九月一二日、太政官布告第三五号を公布するとともに、当時横浜で開業していたオリエンタル銀行およびHSBCに協力を求め、その見返りとして、円銀三〇万円を無利子・無抵当で、三年間両行に預託することを取り決めたのである（後に、三年間延長した）。

政府がＨＳＢＣとの間に締結した契約書に規定された日本側の義務は次の通りであった。

①大蔵卿は、日本円銀三〇万円を、無利息、無抵当でＨＳＢＣへ預け入れること。

②大蔵卿は、ＨＳＢＣが、郵便汽船三菱会社の汽船を以て日本金銀貨幣及び金銀地金を、大阪造幣局と日本国内一切の開港場またはその他の場所に運輸するときは、日本政府が右等の運送に対して郵便汽船三菱会社に支払うべき運賃の割合と同率の運賃を以て、その運輸を行なうことのできる特権を一八七九年九月一九日より一八八二年九月一八日まで三カ年間、ＨＳＢＣに付与すること。

③大蔵卿は、一八七九年九月一九日から一八八二年九月一八日まで三カ年間は日本円銀の量目、純分または模様を変更し、もしくはその鋳造費の定額を増加するような場合には、六カ月前にその通知書をＨＳＢＣへ送付すること。

一方、ＨＳＢＣ側の義務として、次の諸点が規定された。

①ＨＳＢＣは、日本国内に設置する諸支店の取引上、日本円銀すなわち量目四一六グレーン、純分九〇〇位の円銀をメキシコ・ドル即ち量目四一六グレーン、純分九〇〇位のメキシコ銀貨と公価を以て授受す

ること。

②ＨＳＢＣは、第一項に関しては一八七九年九月一三日付横浜発行の新聞紙上に掲載する公告文を取り消し、または変更しないこと。

③ＨＳＢＣは日本円銀をメキシコ・ドルと平価で流通させることについて、その適正・公正と思惟する方法手続を実施すること。

④ＨＳＢＣは、預託された日本円銀を、一八八〇年九月一九日、一八八一年九月一九日及び一八八二年九月一九日に、それぞれ一〇万円ずつ、大蔵省へ返却すること。

⑤ＨＳＢＣは、第四項の預り金の全額を大蔵省へ返却した後においても、第一項、第二項及び第三項の義務を引き続き履行すること。ただし、ＨＳＢＣは、一八八二年九月一九日以後、三カ月前に大蔵省へ通知書を送り、この約定を解除することができること。

⑥もし、ＨＳＢＣにおいて、本約定のうち一項でも履行できないときは、第四項の順序にかかわらず、大蔵省より通知を受けた日から六カ月以内に、預託金を大蔵省へ返却すること。

政府は、これと同様の約定をオリエンタル銀行との間にも締結した。これをうけて、オリエンタル銀行及びＨＳＢＣは、一八七九（明治一二）年九月一三日付の英字新聞『ジャパン・デ

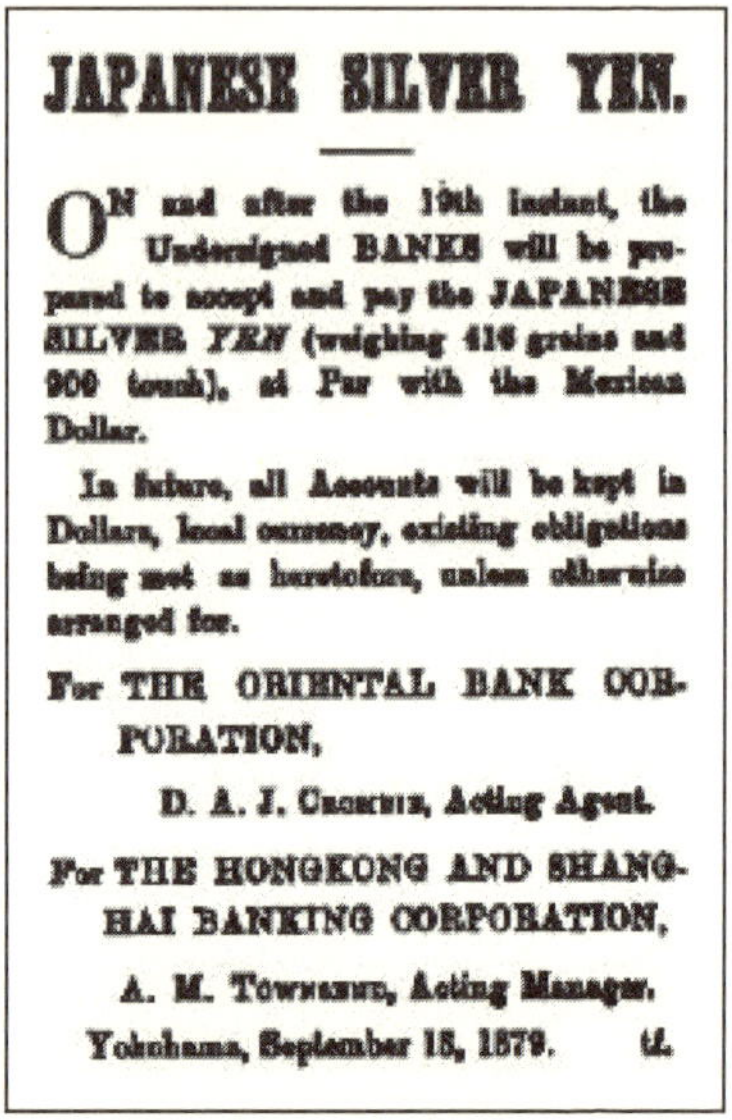

JAPANESE SILVER YEN.

ON and after the 19th instant, the Undersigned BANKS will be prepared to accept and pay the JAPANESE SILVER YEN (weighing 416 grains and 900 touch), at Par with the Mexican Dollar.

In future, all Accounts will be kept in Dollars, local currency, existing obligations being met as heretofore, unless otherwise arranged for.

For THE ORIENTAL BANK CORPORATION,

D. A. J. Crosbie, Acting Agent.

For THE HONGKONG AND SHANGHAI BANKING CORPORATION,

A. M. Townsend, Acting Manager.

Yokohama, September 15, 1879. tf.

⓭外国銀行の円銀・洋銀平価取扱公告
出典：*The Japan Daily Herald*, Sept. 13, 1879.

イリー・ヘラルド』及び『ジャパン・ガゼッツ』に後掲のような公告を掲載した。

この約定は、一八八二（明治一五）年九月四日、さらに三年間延長された。「右平価ニ通用ノ事タル当時日尚浅キヲ以テ俄ニ之ヲ取戻ス時ハ自然壱円銀ノ価格ニ影響ヲ来タス」ことを恐れたからである。これにともなって同月一九日各三〇万円が両行へ再預託され、一八八三年、八四年、八五年の各九月一九日に、一〇万円ずつ返却された。

こうしたわが国政府との友好関係を背景に、ＨＳＢＣは、一八七八（明治一一）年政府保証付きで、期間六カ月、年利七％で、七〇万ドルを三井銀行へ、八〇年八月には生糸を担保に三井物産へ三〇万ドルの短期貸付けを行なった。その後、一八八四（明治一七）年にオリエンタル銀行が破綻したほか、多くの外国銀行が日本から撤退し、ＨＳＢＣは日本における最古参の外国銀行となった。このため、一八八八（明治二一）年には、ＨＳＢＣは古河本店に二五万ドルを、第一国立銀行の保証付き、一二カ月の分割返済を条件に融資したのである。

貯蓄預金の取扱い

外銀在日支店で、当座預金及び定期預金を扱っていたことはすでに述べたが、HSBCは、一八八七（明治二〇）年以降、貯蓄預金の取扱いも開始した。リテール業務の始まりである。しかも、わが国で「貯蓄銀行条例」（明治二三年法第七三号）が制定される以前のことである。

HSBCは、創立以来預金に力を入れてきたが一八八七年に貯蓄預金部（セービングス・バンク・オフィス）を設け、同年以降本支店において、一般大衆を対象とする小口預金の吸収に力を入れたのである。貯蓄預金は一回の預入額が一ドル以上二五〇ドル以内であること、一預金者の預入額は年間一、五〇〇ドル以内であること、預金の預入・引出しの際には預金通帳の呈示が必要なこと、などの条件が設定されていた。しかし、貯蓄預金はいつでも引出し可能であり、毎月最低残高に対して年三・五%の利息が付されていた（広告—⑭参照）。

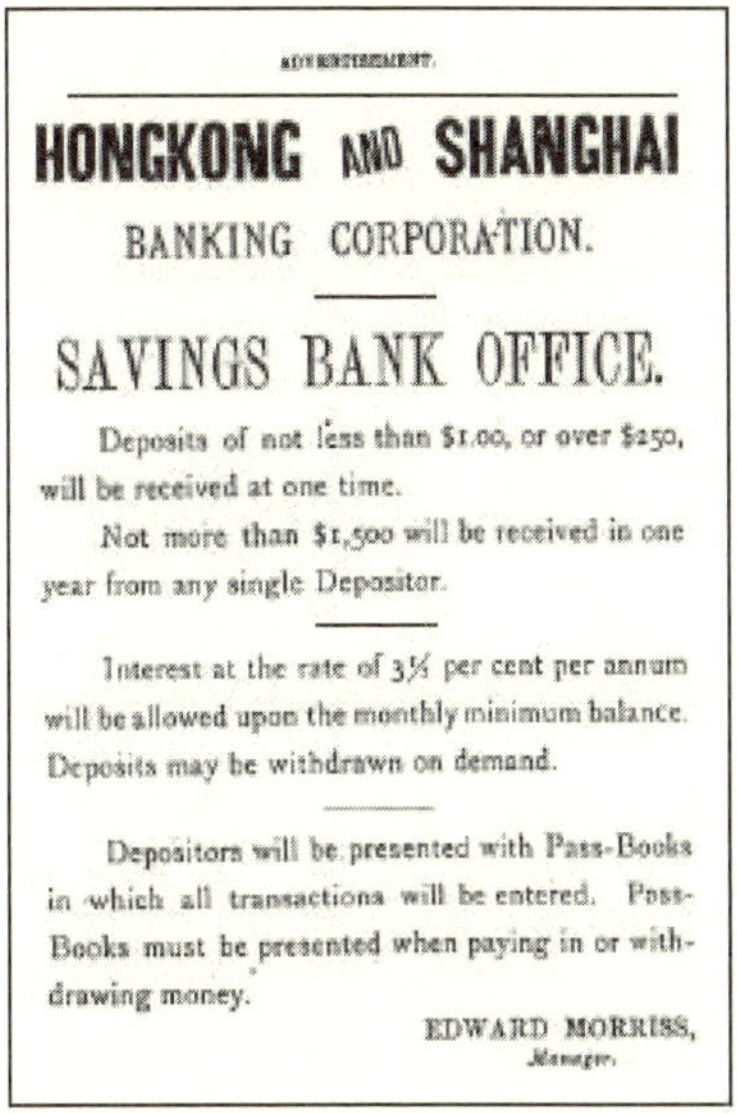

⑭HSBC貯蓄預金部の広告

出典：*The Japan Directory* for 1887.

函館代理店・長崎支店の開設

HSBCは一八八六（明治一九）年に函館代理

店（委嘱先はヘンソン商会）を開設した。函館では一八七九（明治一二）年一月、第百十三国立銀行が設立されたが、外銀の支店はなく、しかもHSBCの代理店が当時外銀の唯一の代理店であった。これより先、オリエンタル銀行が一八八二年に函館代理店を開設（委嘱先はハウエル商会）したが、わずか一年で廃止した。

一方、長崎ではHSBCは、それまでブラウン商会に委嘱していた代理店を廃止し、一八九二（明治二五）年一月支店（Nagasaki Agency）を開設した。HSBC長崎支店は同地における外銀支店第一号であった。初代支店長はA・B・アンダーソンで、支店は当初、それまで代理店を委嘱していたブラウン商会（大浦居留地九番）内に設けられたが、五年後に下り松四二番を取得して自社ビルを建てることとなる。支店開設時期に関しては諸説があるが、長崎の英字新聞『ライジング・サン・アンド・ナガサキ・エキスプレス』に掲載された開業広告によって、支店開業日が一八九二年一月一一日であることは明らかである。

長崎支店開設当時、HSBCは払込資本金一、〇〇〇万ドル（単位はメキシコ銀ドル、以下同じ）、準備金六三〇万ドル（同上）を擁し、オリエンタル銀行の破綻後、東洋で最大の規模を誇っていた。その支店網は東洋一円（上海、福州、漢口、天津、厦門、横浜、神戸、マニラ、イロイロ、バンコク、ペナン、シンガポール、バタビヤ、サイゴン、ボンベイ、カルカッタ）のみならず、欧州（ロンドン、リヨン、ハンブルク)、北米(ニューヨーク、サンフランシスコ)にまで及んでいた。

HSBCの長崎支店開設は、横浜や神戸における外銀の支店開設に比べて著しく遅く、長崎にはすでに地元銀行四行が設立され(うち、二行は明治一〇年代に閉鎖)、市外に本店のある銀行二行が長崎市内に支店を開設していた。しかも、地元の第十八国立銀行(現十八銀行)の発展は目ざましく、一八九〇(明治二三)年には朝鮮半島の仁川に支店を開設し、国際化を進めていた。したがって、横浜や神戸に進出した外銀の支店とは状況を異にしていた。横浜(外銀の支店開設は一八六三年)や神戸(同一八七〇年)では、外銀の支店開設が邦銀の設立に数年先行していた。第一国立銀行(本店東京)の設立及び横浜、神戸両支店の開設は一八七三年七月であった。それゆえ、HSBC長崎支店の場合、横浜や神戸における外国銀行のように、日本の銀行制度の先駆的役割を担うことはなく、それだけ歴史的意義も薄いものであったことは否めない。

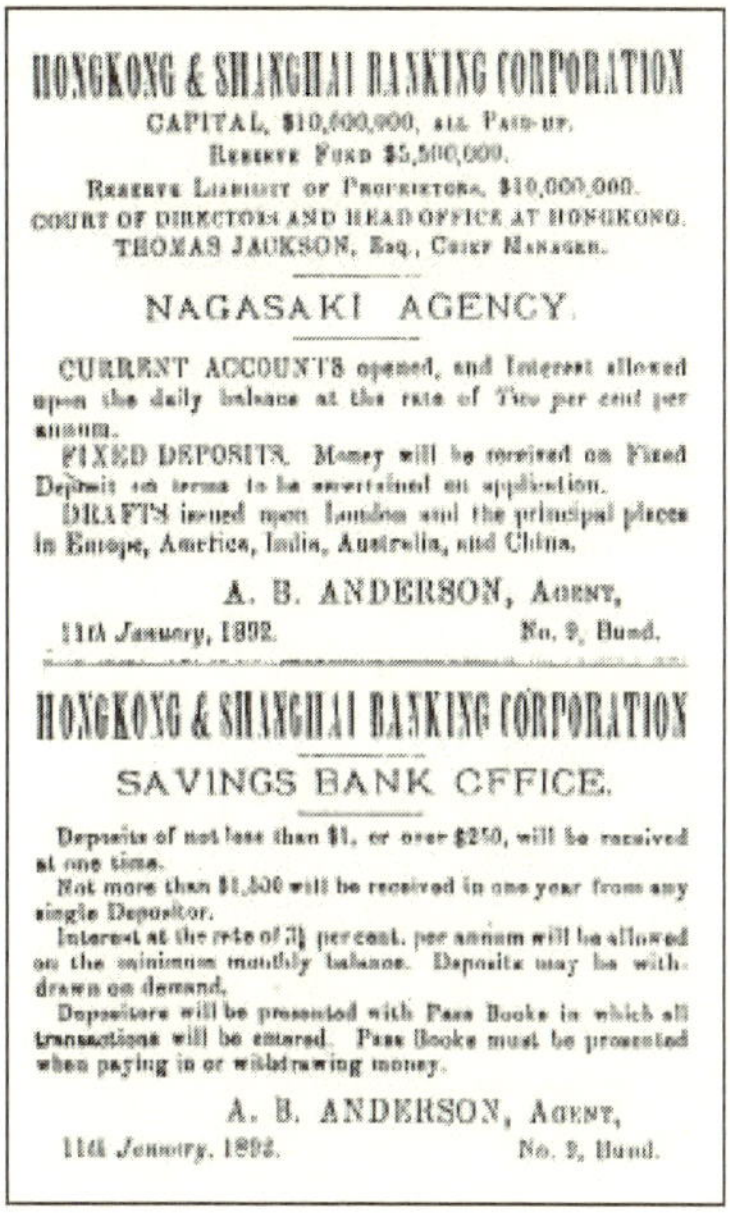
HONGKONG & SHANGHAI BANKING CORPORATION
CAPITAL, $10,000,000, all Paid-up.
Reserve Fund $5,500,000.
Reserve Liability of Proprietors, $10,000,000.
COURT OF DIRECTORS AND HEAD OFFICE AT HONGKONG.
THOMAS JACKSON, Esq., Chief Manager.

NAGASAKI AGENCY.

CURRENT ACCOUNTS opened, and Interest allowed upon the daily balance at the rate of Two per cent per annum.

FIXED DEPOSITS. Money will be received on Fixed Deposit on terms to be ascertained on application.

DRAFTS issued upon London and the principal places in Europe, America, India, Australia, and China.

A. B. ANDERSON, Agent,
11th January, 1892. No. 9, Bund.

HONGKONG & SHANGHAI BANKING CORPORATION

SAVINGS BANK OFFICE.

Deposits of not less than $1, or over $250, will be received at one time.

Not more than $1,500 will be received in one year from any single Depositor.

Interest at the rate of 3½ per cent. per annum will be allowed on the minimum monthly balance. Deposits may be withdrawn on demand.

Depositors will be presented with Pass Books in which all transactions will be entered. Pass Books must be presented when paying in or withdrawing money.

A. B. ANDERSON, Agent,
11th January, 1892. No. 9, Bund.

⑮HSBC長崎支店の開業広告

出典:*The Rising Sun and Nagasaki Express*, January 13, 1892.

5　外債引受けで日本に貢献

日清戦争（一八九四年八月―九五年四月）後、日本政府は産業の発展を図るため、外資導入策を積極化した。

政府は外債発行の地ならしとして、一八九六（明治二九）年八月、明治初年に発行した本邦外債のロンドン証券取引所上場を実現させ、続いて九七年五月、大蔵省国庫預金部で保有していた軍事公債証書（一八九四―九五年発行、総額一億二、四九二万円、利率五％、期間六〇年）額面四、三〇〇万円をロンドンのシンジケート団（HSBC、横浜正金銀行、チャータード銀行及びサミュエル商会で構成）に売却した。HSBCは、このとき初めて、日本の国債引受シンジケート団に参加した。日本政府が、内国債を外国で売却するのは初めての試みであったが、その理由を『明治財政史』は次のように解説している。

此ノ如ク多額ノ公債ヲ売却シタル所以ハ一ハ巨額ノ公債ヲ倫敦市場ニ売出シ其取引ヲシテ頻繁ナラシムルハ当時売買開始ノ目的上最モ希望スル所タルト、又一ニハ明治二九年臨時軍事費会計ノ閉鎖ニ際シ預金部ニ於テ引受ケタル巨額ノ軍事公債ハ一時国庫金ノ内ヨリ融通シテ募集ニ応ジタルモノニ付早晩売却ヲ要スルモノナルニ、内地ノ市場ニ於テハ前年来公債ノ価格大ニ低落シ銀貨ニテ九八円内外トナリタルノミナラズ、我ガ株式取引所ニ於ケル取引高ハ毎月僅カニ二一―三万円ニ過ギズ、殊ニ商業会社ノ勃興ニヨリ一般資本ノ逼迫セル当時ニアリテハ到底巨額ノ公債ヲ内国ニ於テ一時売却スルコトハ為シ難キ現状ナリシニ由ルナリ。

わが国政府（代理人日本銀行）のシンジケート団への売渡価格は額面一、〇〇〇円につき一〇二ポンドとし、一八九七年五月二八日契約書に調印された。シンジケート団各行は、前記国債を額面一、〇〇〇円につき一〇三ポンド一二シリング四ペンスで売り出したところ、申込みが多く、「締切り（六月一日）後其権利の如きも一〇五磅二志四片まで騰貴した」ほどであった。

外国公債と叙勲

わが国政府は新通商条約（改正条約）の実施を一カ月後に控えた一八九九（明治三二）年六月、第三回外国公債一、〇〇〇万ポンド（利率四％、期間五五年、無担保）をロンドンで発行

⑯軍事公債証書

1897年ロンドンで売却された軍事公債（売却総額4,300万円）。
出典：『明治大正財政史』第11巻、財政経済学会、昭和12年。

したが、このときもＨＳＢＣは引き受けに参加した。わが国の外債第一号は一八七〇（明治三）年に発行した一〇〇万ポンド（利率九％、期間一二年、海関税担保）、第二回外債は一八七三年に発行した二四〇万ポンド（利率七％、期間二五年、米穀担保）で、いずれもロンドンで発行されたのである。

新条約の発効を前に、政府は内国公債金を支弁する予定で着手していた鉄道建設、製鋼所設立、電話事業拡張、軍備増強などの事業をかかえており、鉄道公債、事業公債及び北海道鉄道公債の発行を進めていたが、資金の不足した国内市場では完全消化は困難であった。しかしながら、これら諸事業の繰延べも許されない事情にあったため、これら三公債の明治三一年度から繰延べた募集予定額、及びこれら諸事業費として一時繰替支弁した償金特別会計への返償額、合わせて一億円強を調達する目的で、外国公債一、〇〇〇万ポンドを起債したのである。そして、この外債の償還財源には新通商条約実施後の関税率改正による増収分（年間約一、〇〇〇万円）が予定されていた。

当時の大蔵大臣松方正義は、元来外資に対して警戒的な考えの持ち主であったが、財政の困窮及び国内金融市場の資金不足から、外債発行に頼らざるをえないと判断した。松方はこの間の事情を一八九九（明治三二）年一月二三日に内閣へ提出した建議のなかで次のように述べている。

国家ガ外国債ヲ募集シ、又ハ外国債ヲ募集スルニ至ラズトモ外国ニ対シ仕払ヲ保証スルガ如キ、国家ガ直接ニ外国ニ対シテ債務ヲ負フコトハ、人民ガ国家ノ関係ヲ離レテ私ニ低利ナル外国ノ資本ヲ輸入シ以テ事業ヲ計画スルガ如キ場合ト異リ、国家ヲ犠牲トスルモ尚其仕払ノ責ニ任ズベキ結果ヲ生ジ、唯ニ個人ノ破産又ハ事業ノ失敗ヲ以テ止ムベキニアラズ。然レドモ国家ノ事業ハ其必要アル限リハ到底之ヲ廃止スルコトヲ得ザルガ故ニ、止ムヲ得ズ上述ノ如キ基礎ニヨリ一億円ヲ限リ外国債ヲ募集セントス。

一八九九年六月一日、日本政府代表と引受シンジケート団（横浜正金銀行、パース銀行、H

⓱第三回外国公債

1899年に、HSBC、パース銀行、横浜正金銀行、チャータード銀行が引き受けた日本政府外債。
出典：『明治大正財政史』第12巻。
提供：HSBCホールディングスplc（HSBCグループ・アーカイブ）。

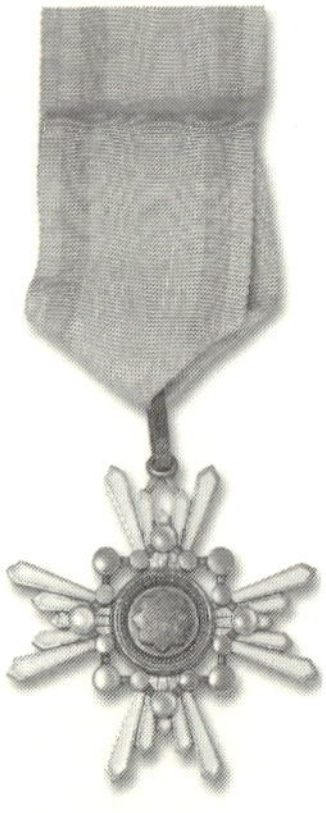

⓲勲章

HSBC横浜支店長A.M.タウンゼントに授与された勲二等瑞宝章。
提供：同上。

SBC、チャータード銀行で構成）との間で、次の諸条件を内容とする引受契約書が調印され、翌日引受銀行によって発行目論見書が公表された。

一、発行総額　一、〇〇〇万ポンド
一、利　率　年四％
一、発行価格　一〇〇ポンドにつき九〇ポンド
一、政府手取額　同八六ポンド
一、利子支払　毎年六月、一二月に横浜正金銀行において支払う。
一、元金償還　一八九九年の五五年後、すなわち一九五三年一二月までに行なう。ただし、据置期間一〇年経過後、抽籤償還を行なうことができる。
一、証　券　五〇ポンド券　二万枚
一〇〇ポンド券　八万枚
五〇〇ポンド券　二、〇〇〇枚
一、払込み（一〇〇ポンド当たり）
応募申込時　五ポンド

公債割当時　一五ポンド

一八九九年七月一七日及び八月一七日　各一五ポンド

一八九九年九月一八日及び一〇月一八日　各二〇ポンド

合計　九〇ポンド

一、募集取扱

横浜正金銀行

パース銀行

香港上海銀行

チャータード銀行

この公債（額面一、〇〇〇万ポンド、邦貨換算額九、七六三万円）は起債目的に従い、鉄道、事業、北海道鉄道の三公債に次のように配分され、その実収金八六〇万ポンド（邦貨換算額八、三九五万円）もその割合をもって、前記三事業費に充当された。

鉄道公債　一七、五七七、七五〇円

事業公債　七八、〇五二、二五〇円

天佑ヲ保有シ萬世一系ノ帝祚ヲ践タル
日本國皇帝ハ英吉利國香港上海銀行
倫敦總支配人サーニウトンスタッブヲ明治勲
章ノ勲二等ニ敍シ瑞寶章ヲ贈與シ
朕カ慈愛ノ意ヲ表ス
神武天皇卽位紀元二千五百八十七年
昭和二年十一月二十八日東京帝宮ニ於テ
親ラ名ヲ署シ璽ヲ鈐セシム

裕仁

昭和二年十一月二十八日
賞勲局總裁從四位勲二等 天岡直嘉

此證ヲ勘査シ第五千九十四號ヲ以テ勲等簿冊ニ記入ス
賞勲局書記官正五位勲四等 郡山智
賞勲局書記官 正六位 伊手衛

⑲勲二等瑞宝賞勲記

1927年に、昭和天皇からHSBCロンドン支店長サー・ニュートン・スタッブに授与された勲二等瑞宝章の勲記。
提供：HSBCホールディングス plc（HSBCグループ・アーカイブ）。

⑳同勲章。
提供：同上。

北海道鉄道公債　　二、〇〇〇、〇〇〇円
　合　計　　　　九七、六三〇、〇〇〇円

その後も日本の政府、地方公共団体及び企業による外債発行は昭和初期まで続き、その発行件数・金額は、前記一、〇〇〇万ポンド公債を含めて、三八件、総額二億五、〇〇〇万ポンド余にのぼった。このうち、ＨＳＢＣは二七件の引受けに参加した。その功績が認められ、ＨＳＢＣ横浜支店長タウンゼントに勲二等瑞宝章が贈られたのに続き、一九二七年には、昭和天皇からＨＳＢＣロンドン支店長サー・ニュートン・スタッブへ同じく勲二等瑞宝章が贈られたのである。

第五章　新通商条約実施後の戦略

1　新条約実施と外国銀行

幕末開港の基礎となった安政条約（旧条約）は関税自主権の譲許、領事裁判、外国貨幣流通などの治外法権を定めており、不平等条約とも称された。このため政府は早くから安政条約の改訂交渉を進めてきた結果、一八九四（明治二七）年七月、まず日英交渉が妥結し、七月一六日、「日英通商航海条約」（新条約）が調印された。次いで同年一一月、「日米通商航海条約」が調印された。そして、九五年ロシア、翌九六年フランス及びオランダとそれぞれ新通商条約が締結された。

これら新条約は、一八九九（明治三二）年七月一日いっせいに発効し、それにともなって旧条約は廃止された。その結果、外国人居留地は廃止され、外国人や外国商人は治外法権を喪失し、それ以降、日本の法令を適用されることとなった。そして、外国銀行の支店や代理店も本邦銀行と同様に、銀行法規の適用を受け、わが国政府の規制監督下におかれることとなったのである。そこで大蔵省は同年六月、銀行条例施行細則を改正した。以下は関係法規の抜粋である。

〈銀行条例〉（明治二三年法第七二号）

第一条　公ニ開キタル店舗ニ於テ営業トシテ証券ノ割引ヲ為シ又ハ為替事業ヲ為シ又ハ諸預リ及貸付ヲ併セ為ス者ハ何等ノ名称ヲ用イルニ拘ラス総テ銀行トス

第二条　銀行ノ事業ヲ営マントスル者ハ其資本金額ヲ定メ地方長官ヲ経由シテ大蔵大臣ノ認可ヲ受クベシ

〈銀行条例施行細則〉（明治三二年大蔵省令第二四号）

第一条　各人ニシテ銀行ノ事業ヲ営マントスル者ハ左ノ事項ヲ記載シタル認可申請書ヲ大蔵大臣ニ差出スヘシ

1　商号

2　本店及支店ノ所在地
3　資本金額
第二条　会社ニシテ銀行ノ事業ヲ営マントスル者ハ認可申請書ニ定款ヲ添ヘ大蔵大臣ニ差出スヘシ
第三条　外国会社カ日本ニ支店ヲ設ケ銀行ノ事業ヲ営マントスルトキハ左ノ事項ヲ記載シタル認可申請書ニ会社定款ヲ添ヘ支店ノ代表者ヨリ大蔵大臣ニ差出スヘシ
1　支店ノ商号
2　支店ノ所在地
3　支店資本金ヲ定メタルトキハ其金額

また、新通商条約実施前から日本で営業を行なっていた外国銀行に関して、一八九九年六月、次のような認可手続が定められた。

〔日本ニ於テ銀行事業ヲ営ミタル外国会社又ハ外国人ニシテ新条約実施後其営業ヲ継続セントスルモノノ認可申請左ノ通リ相定ム〕（明治三二年大蔵省令第三〇号）
新条約実施前ニ日本ニ於テ本店又ハ支店ヲ設立シ銀行事業ヲ営ミタル外国会社又ハ外国人ニシテ

其営業ヲ継続セントスル者ハ明治三二年大蔵省令第二四号銀行条例施行細則第一条第二条又ハ第三条ノ規定ニ準ジ地方長官ヲ経由シテ大蔵大臣ノ認可ヲ受クヘシ

新通商条約が発効した一八九九年七月当時、わが国に支店を開設していた外国銀行はHSBC（本店香港、在日支店は横浜、神戸、長崎の三カ店）、チャータード銀行（本店ロンドン、在日支店は横浜、神戸の二カ店）、ナショナル・バンク・オブ・チャイナ（本店香港、在日支店は横浜支店のみ）、露清銀行（本店サンクトペテルブルク、在日支店は長崎、横浜の二カ店）の四行八カ店であったが、これらの銀行はわが国の「銀行条例」（明治三三年法第七二号）に基づいて大蔵大臣へ営業認可を申請し、各店とも一八九九年七月一七日（ただし、HSBC長崎支店のみ七月一八日）にそれぞれ認可された。

HSBCは、創立以来預金に力を入れており、一八八七（明治二〇）年以降、貯蓄預金を一般大衆から受け入れていたが、新条約実施後、「銀行条例」に基づく普通銀行業務の認可に加えて、「貯蓄銀行条例」（明治三三年法第七三号）に基づく貯蓄銀行業務の認可も取得したのである（横浜支店は一八九九年、神戸、長崎両支店は一九一四年に貯蓄銀行の営業認可を取得）。

『銀行通信録』には、一九〇〇年六月一日「横浜及神戸に於ける香港上海銀行（HSBC）

表11　主要銀行の外国為替取扱高（1911年）　（単位：円）

銀行名	輸出為替	輸入為替	合計(対貿易額比%)
横浜正金銀行	202,302,486	230,289,860	432,592,346（45.0）
香港上海銀行	141,124,437	142,039,572	283,164,009（29.5）
チャータード銀行	49,917,045	68,549,212	118,466,257（12.3）
インターナショナル銀行	24,036,366	41,754,144	65,790,510（ 6.8）
露亜銀行	12,000,922	14,750,882	26,751,804（ 2.8）
独亜銀行	10,978,895	14,401,927	25,380,822（ 2.6）
その他	7,073,737	2,020,108	9,093,845（ 1.0）
外国銀行小計	245,131,402	283,515,845	528,647,247（55.0）
合計	447,433,888	513,805,705	961,239,593（100.0）

出典：大蔵省編『明治大正財政史』第17巻、480ページ（一部加筆）。

支店、チャータード銀行支店、ナショナル・バンク・オブ・チャイナ支店、及び露清銀行支店は預金利子を年三％（日歩八厘二毛）から年二％（日歩五厘五毛）に引下げた」とあり、この頃には、外国銀行が預金金利で同一歩調をとっていたことがうかがわれる。

一方、一九一一（明治四四）年における、外銀各行の外国為替取扱高を示す統計が『明治大正財政史』に掲載されており、これによって、当時HSBCのシェアが外銀の中で圧倒的に大きかったことが看取される（表11参照）。

下関代理店及び東京支店の開設

HSBCは、一九〇六（明治三九）年に下関代理店を開設した。このことは同代理店が『ディレクトリー・アンド・クロニクル』の一九〇七年版以降掲載されていることによって判明する。代理店の委嘱先はジャーディン・マセソン商会であった。しかし、一九一九年に同商会が下関から引き揚げたため、委嘱先は瓜生商会に変更されたが、一九二九年に同代理店は廃止された。

ＨＳＢＣは一九一〇年代に東京へ進出した。すなわち、一九一二年東京に代理店（委嘱先は三菱合資会社）を開設し、一九二四（大正一三）年一一月にこれを支店に昇格させた。東京支店開設の契機となったのは関東大震災であった。横浜支店の復旧は容易ではないと判断されたのである。

2　激動の大正期

一九二三（大正一二）年九月一日に発生した関東大震災によって京浜地方は壊滅的打撃を受け、横浜を拠点としていた外銀の老舗であるＨＳＢＣとチャータード銀行（一八八〇年横浜支店開設）は、震災後東京に支店を開設する。

相模湾を震源地とするマグニチュード七・九の大地震に伴って発生した猛火は強風にあおられて東京・横浜を火の海と化し、未曽有の大災害を引きおこした。被害は南関東一円を中心に西は山梨・静岡両県東部にまで及んだ。被災者は約三四〇万人、死者・行方不明者一〇万人余、全焼家屋四四万七、〇〇〇戸、全壊一二万戸、半壊一二万戸に達した。被害総額はおよそ四五億七、〇〇〇万円と推定され、国家予算（一五億二、一〇五万円＝一九二三年度歳出）の三倍にのぼった。これは、第一次世界大戦の反動不況に苦しむ日本経済に大打撃を与えた。

『ＨＳＢＣ百年史』は、当時、横浜支店の経理担当であったＣ・Ｒ・ライスの記録に基づいて、震災の模様を次のように記している。

一九二三年九月一日正午少し前、ライスは事務室にある大金庫から小切手帳を一冊取り出した。彼は外扉を明けたまま、内側の防火扉を閉めて施錠し、席に戻って、一五万円の小切手に署名しようとした時、何の前ぶれもなく、地震の恐ろしい揺れと急行列車がトンネルを走り抜けるような地鳴りが始まった。彼は飛び上がって金庫の外扉を閉めようとしたが、押し戻されてしまった。

ライスが部屋を飛び出してみると、建物は振動の繰り返しで崩壊しつつあった。彼はレンガの破片に当ったが、表玄関の自分の車にたどり着こうとした。その瞬間、銀行の建物の大きな壁の大部分を占める、タイルや屋根瓦が、その直前に彼が伏せたところへ落下した。

しかし、ライスは勇気を出して再び建物の中へ戻った。彼の同僚の一人であるA・J・モリソンが石の破片で足をくじき、助けを求めて叫んでいる声が聞こえてきたからである。他の職員二人も手伝ってモリソンを救い出し、手押車に乗せた。市街は火に包まれ、船を横付けにする桟橋は海へ陥没していた。猛烈な暴風が吹き荒れていた。何れかの船に乗り移る以外に、この生地獄から逃げ出すことは不可能であった。桟橋が倒壊していたので、これは容易なことではなかったが、ライスは他の職員とともに、アメリカ船の側へたどり着いた。彼は銀行を出る前に、何にも増して重要な記録であるセキュリティ・レジスターを持ち出すことを忘れなかった。

大火がおさまって彼らが銀行の焼け跡に戻ってみると、金庫は元のままであり、中の手形や証券類も無事であった。しかし、市街はもはやなく、緊急のため本店は香港に係留されていたP&O汽船会社の古い船舶をチャーターして横浜へ回送し、洋上ホテルとしてしばらくの間職員の宿泊に利用させた。銀行の受けた被害総額はおよそ二〇〇万円と推定された。

横浜が復興する間、二〇マイル離れた東京に支店を開設することが決定された。これは一九二四年一一月に実現した。

震災後、HSBCは日本における営業の拠点を神戸へ移すと同時に、東京にも支店を開設したのである。東京支店の所在地は「東京市麹町区有楽町」であった。

関東大震災の影響

関東大震災の発生は外国銀行の対日戦略に転機をもたらした。幕末開港以来、横浜が外国貿易の中心地であり、したがって外国銀行の拠点も横浜にあった。ところが関東大震災の打撃はあまりにも大きく、横浜の復興に時間がかかるとみた外国銀行は横浜支店の業務を一部新設の東京支店へ移すとともに、在日拠点の中心を、当時横浜と並ぶ二大貿易港であった神戸へ移したのである。これに伴って、外銀各行の在日支店の地域別ウェイトにも変化が生じた。

外銀在日支店の経営規模をみると、従来、横浜が圧倒的に大きなシェアを占めていた。しかし、関東大震災後、神戸支店の比重が一躍上昇し、支店数及び預金残高でほぼ同規模ながら、貸出残高及び外国為替取扱高では横浜のほぼ二倍になった。

大正末期における外銀の神戸・大阪支店の動向を示す貴重な資料が日銀に残っている。それによると、HSBCの預金、貸出残高は首位にあるものの、外国為替取引では保守的な姿勢がうかがわれる。日銀資料には次のように記されている。

阪神所在外国銀行ハ目下大阪一行、神戸七行ニシテ、之等ノ外国銀行カ当地方外国為替市場ニ於テ永年極メテ重要ナル地位ヲ占メ居タリシハ素ヨリ、昨一九二五年来ノ円価高騰ニ際シテハ相当目覚マシキ活動ヲ為シタルノミナラズ昨今本邦金輸出解禁問題ノ云々セラル丶折柄今後ノ策動如何ハ一般ニ甚タ注目セラレツ丶アル。

〔営業概況〕各行多少ノ特色アレドモ大体ニ於テ英国系ノ営業振最モ堅実ニシテ為替売買等モ主トシテ貿易関係実際ノ必要上ヨリ行フモノナルニ反シ、和蘭系ニ至ツテハ銀行間ニ於ケル電信為替ノ空売買ヲ以テ業務ノ大部分ト為ス等其色彩著シク投機的ナリ、米国系ハ此中間ニ在リテ業態相当堅実ナリトハイエドモ時ニ電信為替ノ思惑ヲ計ル事モ見受ケラレ、殊ニ本年ニ入リテハ本国ニ於ケル

表12　阪神地方所在外国銀行の概況　（単位：1,000円）

		欧米系職員	東洋系職員	預金（1925年末残）	貸出金（1925年末残）	外国為替売買高（1924年下期）	手形交換高（1927年8.10～9.9）
神戸	香港上海銀行	14	80	18,303	10,873	126,286	32,502
	チャータード銀行	13	80	15,134	7,018	69,314	39,128
	インターナショナル銀行	11	50	5,031	2,387	227,488	47,788
	独亜銀行	4	20	2,479	102		22,005
	オランダ銀行	4	20	1,177	374		60,204
	蘭印商業銀行	5	50	1,627	1,553	171,157	65,416
	露国極東銀行						
大阪	インターナショナル銀行	8	50	1,463	(1) 18,246	(2) 6,068	

注：（1）1926年11月末現在の計数。
（2）1926年1月―5月の売買高、空欄は不詳。
出典：日本銀行大阪支店『阪神所在外国銀行調』大正15年、同行神戸支店『神戸所在外国銀行ノ近況』昭和2年。

円投資熱ト策応シテ相当活動シタルモノ、如シ。ドイツ及ビロシア系ハ微々トシテ振ハズ他国系ニ比スレバ殆ンド言フニ足ラズ。而シテ各行其業績ノ大部分ハ外国為替業務ニアリトイエドモ預金、貸出等ノ普通銀行業務モ亦僅カ乍ラ取扱ヒツツアリ。

一方、本邦銀行の海外進出状況をみると、大正初年には横浜正金銀行（支店は欧米五、中国一五、南洋三）、台湾銀行（中国七、南洋一）、十八銀行（ロシア一）の三行であった。ところが、大正期には、横浜正金銀行が南米及びロシアへ進出したほか、台湾、住友、三菱、三井の各行が欧米へ進出し、海外拠点をもつ邦銀は六行となった。

3　昭和戦前期――臨戦体制から戦時体制へ――

昭和期（一九二六年―）に入ると日本の軍国主義的傾向が強まるにつれて、欧米諸国との対立が激化し、日本は国際社会で孤立化を深めて行くこととなる。中国を軍事力によって侵略し、それによって獲得した権益を恒久化するため、一九三二（昭和七）年に「満州国」を建国したが、国際社会の是認するところとならず、翌年日本は国際連盟を脱退した。米国は日本の対中侵略政策に対する批難を強め、一九三九（昭和一四）年「日米通商航海条約」を破棄したが、日本は逆に日独伊軍事同盟を結んで臨戦体制を強化した（一九四〇年）。そして、一九四一年一二月八日、日本は米英両国に戦宣を布告し、太平洋戦争へ突入したのである。

このような国際政治情勢に加えて、一九二〇年代末から三〇年代初めにかけて、内外において金融恐慌が激化し、世界的な大不況を惹起することとなる。

こうした情勢下、政府は経済統制への移行を念頭におきながら、内外銀行に対する規制監督体制を強化するため、一九二七年新たに「銀行法」（昭和二年法第二一号、全文四七カ条）を公布し、「銀行条例」（明治二三年法第七二号、全文一一カ条）を廃止した。これに伴い、内外銀行は、本邦内で銀行業を営むためには「大蔵大臣ノ認可」に代えて、「主務大臣ノ免許」が必要となった。加えて、外国銀行並びに外地に本店を有する銀行を対象に「銀行法第三二条ノ規定ニ依ル銀行ノ特例ニ関スル件」（昭和二年勅令第三二八号）が定められ、外国銀行は各営業所（支店または代理店）ごとに、一〇万円相当の国債又は適格有価証券を供託しなければならなくなった。以下、主な関係条文をかかげる。

〔銀行法〕（昭和二年法第二一号）

第二条（営業ノ免許）銀行業ハ主務大臣ノ免許ヲ受クルニ非ザレバ之ヲ営ムコトヲ得ズ

第四条（商号）銀行ハ其ノ商号中ニ銀行ナル文字ヲ用フベシ

第三二条（外国銀行等ノ支店設置）

(1)本法施行地外ニ本店ヲ有スル銀行ガ本法施行地内ニ支店、出張所又ハ代理店ヲ設ケ銀行業ヲ営マントスルトキハ各営業所毎ニ代表者ヲ定メ第二条ノ規定ニ依ル免許ヲ受クベシ

(2)前項ノ規定ニ依リ免許ヲ受ケタルトキハ該営業所ハ本法ノ適用ニ付之ヲ銀行ト看做ス此ノ場合ニ於テハ第三条乃至第六条（中略）及第二七条乃至前条ノ規定ニ拘ラズ命令ヲ以テ別段ノ規定ヲ設クルコトヲ得

第三九条（付則）

銀行条例ハ之ヲ廃止ス

旧法ニ依リテ営業ノ認可ヲ受ケタル銀行ニシテ本法施行ノ際現ニ存スルモノハ第四〇条及第四一条ノ定ムル制限ニ従ヒ本法ニ依リテ免許ヲ受ケタル銀行ト看做ス旧法ニ依リテ為シタル認可、処分其ノ他ノ行為ハ本法中之ニ相当スル規定アル場合ニ於テハ本法ニ依リテ之ヲ為シタルモノト看做ス

〔銀行法第三二条ノ規定ニ依ル銀行ノ特例ニ関スル件〕（昭和二年勅令第三三八号）

第二条　外国銀行ガ銀行法施行地内ニ営業所ヲ設ケ銀行業ヲ営ムニハ営業所毎ニ一〇万円ニ相当スル金額ノ国債又ハ大蔵大臣ノ認可ヲ受ケタル有価証券ヲ供託スルコトヲ要ス

一九二六年末現在、日本に支店を開設していた外国銀行は九行二〇カ店であったが、その内訳は、英系二（ＨＳＢＣ、チャータード）、米系二（インターナショナル、アメリカン・エキスプレス）、オランダ系二（オランダ、蘭印商業）、ドイツ系（独亜）、フランス系（日仏）、ロシア系（露国極東）各一であった。このなかで、ＨＳＢＣとインターナショナル両行の支店数が最も多く、それぞれ四カ店であった。

これら外銀九行二〇カ店は、銀行条例に基づく営業の認可を得ていたので、銀行法施行後、同法第三九条により、同法に基づく営業の免許を有するものとして扱われた。また、銀行法第四条により、商号中に銀行という文字を入れることが義務付けられたほか、昭和二年勅令第三二八号により、外銀は各店ごとに一〇万円相当の国債又は適格有価証券の供託が必要となり、負担が増えることになった。

長崎支店閉鎖

昭和期に入ると緊迫する国際情勢の下で、貿易や投資の拡大は望めず、HSBCを含む多くの外銀は正常な業務の遂行さえ困難となり、在日支店の整理を進めることとなる。

HSBCは、収益性の乏しい長崎支店（一八九二年開設）を一九三一（昭和六）年四月に閉鎖し、ホーム・リンガー商会に代理店を委嘱した。HSBC長崎支店は、ロシア系の露清銀行（本店サンクトペテルブルク）が、一九〇四年に長崎支店を閉鎖して以来、長崎における唯一の外銀であったが長崎港の貿易が振るわないのに加えて、本邦銀行との競争激化による採算悪化から支店の閉鎖を決めたのである。

HSBC長崎支店閉鎖の経緯について『百年の歩み』（十八銀行）は次のように記している。

表13　戦前期のHSBC在日支店・代理店開廃状況

	代理店開設（委嘱先）	支店開設	大蔵大臣認可	支店閉鎖後の代理店開設（委嘱先）
横浜	1865年－1866年（Macpherson & M.）	1866年5月	1899年7月17日	
神戸	1868年－1870年（Adrian & Co.）	1870年5月7日	1899年7月17日	
大阪		1872年－1873年		1873年－1877年（Fisher & Co.）
長崎	1867年－1892年（Glover & Co.）	1892年1月13日	1899年7月18日	1931年4月30日（Holme, Ringer & Co.）
函館	1886年－1895年（Henson & Co.）			
下関	1906年－1929年（Jardine, M. & Co.）			
東京	1912年－1924年（三菱合資会社）	1924年11月21日	1924年11月13日	

注：代理店委嘱先は開設当初のもの。

資料：佐上武弘「南蛮銀行渡来記」（『ファイナンス』第10巻。第3号－第5号、昭和49年6月－8月）。M. Collis, *WAYFOONG*, London, 1965；*The Japan Chronicle Jubilee Number 1868-1918*. Kobe, 1918；*The Hiogo News；The Rising Sun & Nagasaki Express；The Directory & Chronicle for China, Japan & the Philippines*；大蔵省『銀行局年報』各年版。

香港上海銀行（HSBC）は幕末から長崎に代理店をおき、それが明治二五年支店に昇格したが、同支店は長崎の財界とは直接の関係は薄く、在留外国人、とくに貿易商を主な取引先として、外国為替やロンドン、上海、香港における外貨の売買を主要業務とした特殊な外国為替銀行であった。しかし、長崎の貿易も次第に神戸、横浜に奪われ、業務閑散となったため閉鎖されたのである。

HSBC長崎支店の業容を伝え

る資料はきわめて乏しいが、一九一七（大正六）年における長崎市内所在銀行入出金統計がある。それによると、ＨＳＢＣの長崎における市場シェアは一％にみたず、横浜正金銀行の資金取扱高と比べても一〇分の一以下であり、業績不振のほどがうかがわれる。

なお、ＨＳＢＣが幕末以来、一九三一年までに本邦内に開設した支店及び代理店を総括すれば表13の通りである。

4　戦時体制下の外国銀行

為替管理の導入

政府は、一九三〇（昭和五）年以来の国際収支の悪化にともなう円相場の下落防止と外貨資金の確保を狙いとして、一九三二年六月「資本逃避防止法」（昭和七年法第一七号）を制定し、外国為替取引の規制にのり出した。そして翌年「外国為替管理法」（昭和八年法第二八号）を制定し、外貨集中制へ進むこととなる。為替管理の導入は、外国為替業務を主業とする外銀に大きな影響を及ぼすこととなる。

「資本逃避防止法」制定の契機となったのは、一九三一年一二月の金輸出再禁止措置の前後各半年間に、円為替相場の下落を予想して起こったきわめて大規模な米ドルへの資本逃避（円売り、ドル買い）であった。これより先、一九三〇年一月、政府が金輸出解禁を断行して金本位制に復帰したのはちょうど世界恐慌の最中であったため、為替相場が安定していたにもかかわらず、輸出は期待したほど増加しなかっただけではなく、旧平価で金解禁が行なわれたため、物価が大幅に下落し、日本経済は深刻な不況に陥った。それに加えて、一九三一年九月、満州事変が勃発し、対外的には外交関係の悪化、対内的には戦時体制への移行に伴う通貨不安が増大し、金本位制停止の予測が一般化してきた。しかも時を同じくして、英国が金本位制を離脱したため一層不安が高まり、大規模なドル買いを誘発したのである。その結果、一年四カ月の間に横浜正金銀行がドル買いに対抗して売り応じた額は三億七、五〇〇万米ドルにのぼった。

こうしたドル買いを放置しておけば、円為替の不安が高まるので、その対策として一九三二年七月「資本逃避防止法」が施行され、為替管理が開始されたのである。そして翌三三年五月、「外国為替管理法」が施行され、為替管理が本格化した。さらに、三八年には外国為替銀行の余裕外貨資金の日銀への集中が開始され、四一年には外国為替持高集中制へ進むこととなる。

「外国為替管理法」の制定により、政府は外国為替取引や金及び証券類の輸出などを取り締まる広範な権限が与えられた。それには貿易上はもとより、貿易外の一切の海外送金とわが国への受入れ、及びこれに要するいっさいの手続の取締りまたは禁止、外国為替資金の日銀または政府指定機関への集中、金地金、外貨、外国証券、外貨建債券の処分命令または日銀その他政府指定機関への売却命令などが含まれていた。また同法に基づく省令（昭和八年大蔵省令第七号）によって、外国為替業務を営む銀行はその業務を営む店舗を大蔵大臣へ届出ることとされ、届け出た銀行は「外国為替銀行」（為銀）と称されることとなった。

前記大蔵省令に基づいて、一九三三年八月一〇日までに邦銀四一行九一〇カ店と外銀七行一五カ店（ＨＳＢＣ三カ店を含む全外銀）が外国為替業務を営む店舗の届出を行なった。その後も、外国為替業務を営むものは同様の届出が必要であり、三三年九月以降に進出した外銀四行五カ店（満州中央、インドシナ、満州興業、ドイツ東亜の各行）も届出を行なった。

外国為替資金の集中

一九三八年八月一日、政府は外貨資金の計画的統制を行なうため、本邦為替銀行（本邦為銀）を対象に余裕外貨資金の日銀集中制を導入した。そこで日銀は横浜正金銀行など本邦為銀と契約を結び、為銀の余裕外貨を直物買いまたは為替スワップ（直物買い・先物売り）によって日銀へ集中させることとした。

余裕外国為替資金の日銀集中制は当初外銀に対しては単にモラル・サポートを要請するにとどめ、ひとまず本邦為銀との間で必要な契約を進めてきたが、その後、外銀の中には協力姿勢を一歩進め、自発的に参加を申出るところが現われてきた。すなわち、一九三八年九月にナショナル・シティ銀行神戸支店が率先して参加したが、一一月に至り、ＨＳＢＣ、チャータード、オランダ、蘭印商業各行の神戸支店も参加したのである（一二月、日仏銀行も参加）。これに関して、日銀神戸支店長下村如道は次のようにコメントしている。

外国銀行支店は為替相場協定を始め本邦現下の為替政策遂行に非常に好意を持ち少なからざる協力をなし来ったが、更に今般自ら進んで余裕為替資金の日銀集中制度に参加を希望し来り本行（日銀）との間にそれぞれ右に関する契約を締結するの運びとなり本一五日調印を了した。本制度の目的はいうまでもなく余裕為替資金の上に計画的統制を行い之が節約並に利用を図るのであって、過般設置の外国為替基金の運用と相俟ち為替上の利便を促進しわが国円為替相場維持の上に役立つことが少なくない。本制度への参加によって外国銀行の営業方針に別段変化あるとは思われぬ。むしろ必要の際には契約内容に基づき本行より為替の売却、資金の供給をも受け得る利便が与えられるのである。

その後、一九四一年六月に至り、政府は限られた外貨資金の集中制を強化するため、外国為替補償集中制を導入した。これは、外国為替銀行の外貨売買高及び持高を、横浜正金銀行に新設した特別勘定に集中し、これに伴う為銀のリスクを政府が補償することとしたものである。

外銀のこうした対応は、厳しい国際情勢の下、経営環境が悪化するなかで、外銀各行が、わが国政府や日銀につとめて協力的な態度を示し、少しでも業務の円滑化を図ろうとしていたものとして注目される。

開戦にともなう支店閉鎖

一九四一（昭和一六）年一二月八日太平洋戦争が勃発したため、わが国と敵対関係に立った米、英、オランダ各国銀行の在日支店は当然のことながら、閉鎖された。英系資本のＨＳＢＣも例外ではなかった。すなわち、ＨＳＢＣも「敵産管理法」（昭和一六年法第九九号）にいう敵性国（連合国）とされ、他の敵性国の各銀行在日支店と同様、横浜正金銀行の管理下におかれ、その営業を停止したのである。

太平洋戦争開戦時に支店を開設していた外国銀行は次の九行一四カ店であった（カッコ内は支店名）。

連合国側
ＨＳＢＣ（横浜、神戸、東京）
チャータード銀行（横浜、神戸）

表14　横浜正金銀行管理下の外国銀行在日支店資産・負債　（単位：円）

	資産		合計	負債	
	特殊財産管理勘定	その他		預金	その他
ナショナル・シティ銀行東京支店(注)	1,371,378	2,758,409	4,129,787	3,174,166	955,621
香港上海銀行					
東京支店	177,355	226,404	403,759	206,698	197,061
横浜支店	1,195,912	202,757	1,398,669	141,732	1,256,937
神戸支店	2,179,623	3,577,355	5,756,978	1,323,626	4,433,352
小　計	3,552,890	4,006,516	7,559,406	1,672,056	5,887,350
チャータード銀行					
横浜支店	354,025	358,415	712,440	428,190	284,250
神戸支店	712,824	3,637,751	4,350,575	2,279,346	2,071,229
小　計	1,066,849	3,996,166	5,063,015	2,707,536	2,355,479
オランダ銀行神戸支店	552,374	2,595,173	3,147,547	304,695	2,842,852
蘭印商業銀行					
東京支店	95,175	241,385	336,560	4,985	331,575
神戸支店	192,150	1,678,550	1,870,700	52,625	1,818,075
小　計	287,325	1,919,935	2,207,260	57,610	2,149,650
合　計	6,830,816	15,276,199	22,107,015	7,916,063	14,190,952

注：同行の支店再開費用として、1945年12月－46年7月までに返還された90万円は含まない。
出典：日本銀行『日本銀行沿革史』第4集、第15巻、389ページ。

ナショナル・シティ銀行（横浜）
オランダ銀行（神戸）
蘭印商業銀行（神戸、東京）

非連合国側
日仏銀行（東京、神戸）
中国銀行（大阪）
満州中央銀行（東京）
インドシナ銀行（横浜）

開戦に伴い横浜正金銀行の管理下におかれた敵性国銀行五行の資産及び負債は表14に示した通りである。これをみるとＨＳＢＣ在日支店の総資産は七五六万円で五行中で最も多かったことが判明する。

5　戦後の支店網再編と対日戦略

戦後の支店再開

一九四五年八月一五日戦争は終結し、わが国は連合国最高司令官（SCAP）の占領下におかれた。同年九月三〇日、SCAPから「外地銀行、外国銀行及び特別戦時機関の閉鎖に関する覚書」が発表され、終戦時に営業を行なっていた外銀（戦時中に進出した満州興銀、ドイツ東亜銀を含む六行七支店）はすべて閉鎖された。

戦後、わが国金融機関は対外交渉能力を失い、対外決済はすべてSCAPの管理下におかれた。しかし、一九四六（昭和二一）年七月、米系のナショナル・シティ銀行（現シティバンク）、翌四七年五月フランス系のインドシナ銀行（現カリヨン法人・投資銀行）が、それぞれSCAPのライセンスを取得して東京支店を再開した。さらに四七年七月、制限付民間貿易の再開を前に、HSBC東京支店を含む六行六支店の営業開始がSCAPにより認可された（表15参照）。

当初、外国銀行在日支店は、SCAPの業務代行機関として、占領軍関係の業務のみを取扱い、日本人との取引及び商業活動は禁止されていた。しかし、SCAPは、一九四八年六月に

表15　占領期の外国銀行在日支店

銀行名 ＼ 支店認可時期	1946.5〜47.8	1947.9〜48.6	1948.7〜49.7	1949.8〜49.12	1950.1〜52.4
ナショナル・シティ銀行	東京、大阪		横浜		名古屋
インドシナ銀行	東京				
H　S　B　C	東京	神戸	横浜		大阪
チャータード銀行	東京		横浜、神戸	大阪	
オランダ銀行	大阪	東京			神戸
蘭印商業銀行[1]	東京		神戸		大阪
バンク・オブ・アメリカ	東京		横浜、神戸		
チェース・ナショナル銀行	東京		大阪		
中国銀行		東京			大阪
マーカンタイル銀行				東京、大阪	
インド銀行					東京、大阪
朝鮮銀行[2]					東京、大阪
認可銀行累計（支店数）	8(9)	9(12)	9(20)	10(23)	12(32)

注：1蘭印商業銀行は1950年7月14日ナショナル・ハンデルス銀行に改称した。
注：2朝鮮銀行は1950年8月8日韓国銀行に改称した。
出典：立脇和夫『在日外国銀行百年史』日本経済評論社、2002年。

表16　戦後のHSBC在日支店の開廃状況

	SCAPのライセンス	大蔵大臣の免許	支店閉鎖(免許返納)
東京支店	1947年7月2日	1949年12月28日	
神戸支店	1947年9月25日	1949年12月28日	1973年7月1日
横浜支店	1948年3月4日	1949年12月28日	1973年7月1日
大阪支店		1951年7月10日	
福岡支店		1979年10月1日	1987年11月30日
名古屋支店		1983年1月4日	1999年10月1日

資料：SCAP, *History of the Non-Military Activities of the Occupation of Japan*, SCAP, *Press Release*; 大蔵省『銀行局金融年報』各年版。

至り、外国銀行に対して、従来禁止していた商業活動の一部を認可した。

また、同年七月、「輸出振興のための外貨資金の優先使用に関する政令」に基づき、外国銀行在日支店は九行二〇カ店全部が「優先外貨制度」による事務取扱銀行に指定された。このとき、HSBCはすでに東京（一九四七年一一月）、横浜（一九四八年一〇月）神戸（四八年一一月）、の各支店を再開していた。

こうした状況をふまえて、SCAPは、未だ占領行政下にあった一九四九年一二月、外国銀行に対する管轄権を日本政府へ移管した。これを受けて日本政府は、当時SCAPのライセンスを得て開設されていた外国銀行一〇行二三カ店（HSBC三カ店を含む）に対して、ただちに「銀行法」（昭和二年法第二一号）に基づく営業免許と、「外国為替及び外国貿易管理法」（昭和二四年法第二二八号）に基づく外為業務の認可を与えたのである。かくて、外国銀行在日支店は再び日本政府の監督下におかれることとなった。但し、戦後の外銀は、戦前とは異なり、「銀行法第三二条ノ規定ニ依ル銀行ノ特例ニ関スル件」（昭和二年勅令第三二八号）が一九四五年一一月に廃止されたため、「一〇万円相当ノ国債」を政府へ供託する必要はなくなった。なお、開戦直後、横浜正金銀行の管理下におかれていた敵性国銀行の資産負債（表15参照）は一九五一年一二月までにすべて返還された。

ＨＳＢＣは、日本の戦後復興に大きな期待をよせ、対日「平和条約」（一九五一年九月調印、五二年四月発効）交渉が大詰めを迎えていた一九五一年七月、日本政府の免許を得て、大阪支店を開設した。東京・大阪両支店は一九五〇年代後半―六〇年代の高度経済成長期におけるわが国企業の旺盛な資金需要に対応して積極的にインパクト・ローン（長期外貨建貸付）を供与し、業務活動を拡大することとなる。しかし、その後、一九六〇年代後半から、わが国経常収支の黒字定着化にともない、インパクト・ローンが抑制されたため、代わって円建貸付に力を入れるに至った。

戦後占領下の一九四六年七月ＳＣＡＰのライセンスを取得して東京支店を最初に再開した米系のナショナル・シティ銀行は、支店再開と同時に、日銀本店に当座預金口座を開設するとともに東京手形交換所へ加盟を申請し、準社員として直接加入が認められた。その後、一九五〇年八月バンク・オブ・アメリカが手形交換所へ加入したのに次いで、五一年七月ＨＳＢＣも加入を認められた。外国銀行では三番目であった。

横浜・神戸両支店の閉鎖

ＨＳＢＣは、もともと外国為替業務を主業とする、いわゆる植民地銀行であった。幕末維新期及び終戦直後に、いち早く横浜、神戸に支店を開設したのはそのためである（表15、16参照）。しかしながら一九七〇年代以降邦銀の外国為替業務も拡充され、わが国貿易商社の輸出入為替は主に邦銀の取り扱うところとなった。このためＨＳＢＣ横浜・神戸両支店の業務は先細りとなり、一九七三（昭和四八）年、遂に両支店は閉鎖され、その業務は東京・大阪両支店に引き継がれたのである。

戦後、東京は日本の政治だけでなく、経済の中心地となったため、ＨＳＢＣの場合も、東京支店が日本における母店として機能している。

福岡・名古屋支店開設

ＨＳＢＣは、一九七〇年代末から対日戦略を再び積極化し、一九七九（昭和五四）年に福岡支店、一九八三（昭和五八）年に名古屋支店を開設した。

福岡支店は一九七九年一〇月に新設された。同地では、オランダ銀行、韓国外換銀行に次ぐ外銀第三号である。福岡はいうまでもなく、九州経済圏の中心であり、将来の発展が期待される地域拠点都市である。

名古屋支店は、かつてＨＳＢＣグループの一員だったマーカンタイル銀行（一九五九年ＨＳＢ

表 17　外国銀行の日本進出状況（総括表）

		新規進出		閉鎖撤退		期末計数	
		銀行数	支店数	銀行数	支店数	銀行数	支店数
戦前期	旧条約時代　(1859. 7－1899. 6)	13	21	9	13	4	8
	明治後期　(1899. 7－1912. 7)	6	11	4	7	6	12
	大正期　(1912. 8－1926.12)	10	20	7	12	9	20
	昭和戦前期　(1927. 1－1945. 8)	6	12	9	25	6	7
	小計	35	64	29	57		
戦後期	戦後占領期　(1945. 9－1952. 4)	12	32	0	0	12	32
	経済成長期　(1952. 5－1980.12)	55	67	3	14	64	85
	金融自由化期 (1981. 1－2000.12)	64	125	48	88	80	122
	21世紀初頭　(2001. 1－2003. 7)	5	11	13	22	72	111
	小計	136	235	64	124		
	合計	171	299	93	181		

注：戦後期に進出した銀行のうち戦前に進出していた 9 行16支店を差し引くと、ネットで162行283支店となる。なお、上記のほか、戦前期に21行（うち、10行は支店も開設）が45代理店を開設し、戦後は322行が駐在員事務所を開設した。

出典：立脇和夫『外国銀行と日本』蒼天社出版、2004年。

原資料：『大蔵省国際金融局年報』『金融監督庁の 1 年』『金融庁の 1 年』各年版。『週刊金融財政事情』夏季特大号。KPMG Peat Marwick, *Published Financial Statements of Foreign Bank Branches in Japan.*

Cが買収）が一九六三年に開設した支店を、一九八三年一月HSBCへ移管したものである。名古屋は中部経済圏の中心であり、自動車工業を中心に将来の発展が期待される大都市である。当時、外国銀行の名古屋支店は、HSBCのほかシティバンク、インドスエズ銀行（旧インドシナ銀行）の二行しかなかった。

しかし、福岡、名古屋両支店は期待された成果をあげることができず、福岡は八七年一一月、名古屋は九九年一〇月に閉鎖された。この結果、HSBCの在日支店は東京、大阪の二カ店を残すのみとなっている。

一方、HSBCが一九九二年に買収し

た英ミッドランド銀行（現ＨＳＢＣ銀行ＰＬＣ）、九九年一二月買収した米リパブリック・ナショナル銀行（現ＨＳＢＣ銀行ＵＳＡと合併）も、ともに東京支店を開設していたが、ＨＳＢＣ東京支店へ営業を移管し、リパブリックは二〇〇〇年五月、ミッドランドは同年六月、東京支店を閉鎖した。

なお、幕末開港以来、二〇〇三年七月までに日本へ進出し支店を開設した外国銀行数を総括すれば表17の通り累計一七一行二九九カ店にのぼる。

銀行法改正と規制緩和

一九八二年四月、新「銀行法」（昭和五六年法第五九号、全文六六カ条）が施行され、旧「銀行法」（昭和二年法第二一号）は廃止された。新「銀行法」により、外銀は引き続き、本邦内に設置する各支店、代理店について、主務大臣の免許が必要であるが、商号中に「銀行」の文字を使用する必要はなくなった。一方、外銀が国内に駐在員事務所を設置する場合、主務大臣へ届出ることが条文に明記された。

また、外銀の支店等の免許に関する規定も二〇〇二年四月に大幅に改正された。すなわち、外銀が複数の支店・代理店を開設する場合、在日支店を一銀行とみなして、代表者を一人定め、主たる支店について免許を受ければ、他の支店・代理店については認可を受ければよいこととなった。また、支店の位置変更の場合は、届出でよいこととなった（従来は要認可）国内に複数の支店・代理店を設ける外銀にとっては、今後は負担の軽減となろう。

ところで、わが国は、戦後長い間、「証券取引法」（昭和二三年法第二五号）第六五条により、銀行の証券業務を禁止していた。しかし、銀行業と証券業の兼営を認めるユニバーサル・バニキング制度を採用している欧州諸国からの強い要請をうけて、政府は一九八〇年代に方針の転換を行なった。すなわち、大蔵省（当時）は、八五年一二月以降、外銀の在外証券子会社（ただし、当初は出資比率五〇％以内）の在日支店に対して「外国証券業者に関する法律」（昭和四六年法第五号）に基づく営業免許を発行する方針を打ち出したのである。

その法的根拠は「外国証券業者に関する法律施行令」（昭和四六年政令第二六七号）にある。同令第四条には「証券業務を認められていない不適格者によって発行済株式の総数の一〇〇分の五〇を超えて保有されている証券業者に対して営業免許を与えてはならない」と規定されており、親銀行の出資比率が五〇％以下であれば免許を与えることができる、と判断されたのである。

かくて、大蔵省は、一九八五年一二月、ドイツ銀行系のＤＢキャピタル・マーケッツ証券

（現ドイツ銀証券）及び米セキュリティ・パシフィック銀行系のホア・ゴベット証券に初めて国内支店の営業免許を与えた。こうした状況下、ＨＳＢＣも、一九八七年七月に、ＨＳＢＣ証券を海外に設立し、その支店を日本国内に設置して、証券業務へ進出したのである。

ＨＳＢＣは、投資銀行部門では、このほかに、ＨＳＢＣ投信株式会社（一九八五年五月）及びＨＳＢＣジェームス・ケーペル・ジャパンを設立したが、ＨＳＢＣジェームス・ケーペル・ジャパンは一九九七年一月に閉鎖された。

その後、規制緩和の進展に伴い、一九九三年四月、「金融制度改革法」（平成四年法第八七号）が施行され、銀行と証券会社の業態別子会社による相互参入が認められるに至った。これに伴って、外国銀行も、証券子会社（出資比率無制限）を設立して、証券業務ができることとなったため、それまでに設立した出資比率五〇％以下の証券子会社の出資比率引上げが可能となったのである。

6　在日支店の業績と今後の展望

預金、貸出、収益動向

在日外国銀行は、大蔵省銀行局長通達（昭和四八年蔵銀第九七一号）により、一九七三年三月期以降、在日支店貸借対照表の新聞公告が義務付けられた。これにより同年以降の資産・負債残高を知ることができる。また、新「銀行法」（昭和五七年四月施行）により、損益計算書も新聞に公告されることとなり、費用・収益計数も得られるようになった。

表18は、公表された貸借対照表及び損益計算書から主要項目を抽出したものである。

一九七三年以降のＨＳＢＣの動きをみると、貸出残高は比較的緩やかに増加しているのに対して、総資産及び預金残高は二〇〇一年以降急激に増加している。収益は、一九八九―二〇〇一年三月期の間に損失を計上した年もあるが、おおむね利益を計上している。

総資産は一九七〇年代には四六二億―五七八億円のレンジにあったが、八〇年三月には一、〇〇〇億円の大台にのせ、八七年三月には二、〇〇〇億円を、九七年三月には三、〇〇〇億円を超えた。その五年後の二〇〇二年三月には一兆円を超え、〇五年三月には一兆三、二三二億

表 18　HSBC在日支店の財務指標　（単位：100万円）

年　月	順位	総　資　産	貸　出　金	預　　金	当期利益
1973. 3	13	53,126	29,396	14,515	不詳
74. 3	12	46,222	28,880	11,203	※ 1,020
75. 3	12	65,701	36,312	12,679	※ 1,385
76. 3	20	64,502	39,110	15,351	※ 1,203
77. 3	23	65,445	47,468	15,168	※ 1,484
78. 3	26	57,814	43,503	16,161	※ 2,053
79. 3	23	56,254	38,730	21,979	※ 530
1980. 3	31	100,140	64,765	15,999	※ 1,494
81. 3	40	119,199	72,317	17,717	n.a.
82. 3	50	131,166	72,920	20,619	n.a.
83. 3	30	144,223	96,680	19,604	344
84. 3	29	160,255	116,949	25,291	193
85. 3	30	188,361	121,170	27,243	242
86. 3	28	194,927	111,120	23,673	238
87. 3	29	219,153	126,749	27,078	69
88. 3	34	201,687	116,096	26,940	587
89. 3	33	182,534	125,005	37,485	▲ 1,525
1990. 3	30	280,917	191,304	72,342	107
91. 3	29	311,506	226,366	22,749	1,553
92. 3	31	263,491	155,279	14,574	2,484
93. 3	27	296,550	170,452	15,678	1,085
94. 3	28	247,551	151,271	17,477	2,528
95. 3	30	224,926	135,421	12,734	706
96. 3	32	252,570	153,692	13,622	▲ 732
97. 3	33	323,489	203,113	30,368	▲ 197
98. 3	27	600,777	203,959	223,279	58
99. 3	25	408,755	177,064	151,973	▲ 2,715
2000. 3	18	503,162	130,183	150,360	▲ 2,987
01. 3	19	593,796	130,741	254,759	▲ 374
02. 3	14	1,074,903	234,422	445,077	4,489
03. 3	12	1,260,233	209,462	673,034	6,144
04. 3	12	1,328,377	212,389	810,213	2,999
05. 3	11	1,323,210	286,933	895,535	1,481

注：順位は総資産に基づく外銀中の順位。※印は申告所得。▲印は損失。
資料：新聞公告。税務署公示。KPMG Peat Marwick, *Published Financial Statements of Foreign Bank Branches in Japan.*

円で、一九七三年三月の約二五倍に達したのである。

一方、貸出残高は、一九七三年三月には、二九四億円であったが、八四年三月一、一六九億円に増加し、九七年三月二、〇三一億円へ上昇した。その後、数年間は残高が減少したものの、二〇〇二年三月以降再び二、〇〇〇億円台を回復し、〇五年三月には二、八六九億円で、七三年の九・七倍にとどまっている。

預金残高は、変動が激しく、七三年三月には、一四五億円であったが、七九年三月に二〇〇億円を超え、八九年三月三〇〇億円を超えた。九〇年三月には七〇〇億円を超える突飛高を演じた後、いったん減少したが、九八年三月には二、〇〇〇億円を超えた。その後、再び減少したものの、二〇〇二年三月には四、四五〇億円、〇五年三月には八、九五五億円を記録し、七三年水準の実に六一・七倍となっている。

収益に関する新聞公告は一九八三年三月期以降であるが、そ

㉑東京のHSBCビルディング
提供：著者撮影。

れ以前は所轄税務署の公示した申告所得がある。もとより、法人税申告書の所得金額は財務会計上の当期利益と同じではないが、参考にはなる。HSBCの一九七〇年代の申告所得は一〇億ないし二〇億円を記録している。当期利益は一九八三年三月期以降バラツキが激しく、一九八九、九六、九七、九九、二〇〇〇、〇一年は赤字を計上している。しかし、〇二年三月期以降はいずれも巨額の当期利益を計上している。とくに〇三年三月期の当期利益は六一億円余で、在日外銀中、シティバンクに次ぐ第二位であった(二〇〇五年三月期の当期利益は約一五億円)。

HSBCグループの日本における業務展開は、他の地域に比べるとそれほど活発とはいえないが、一九九八年、東京日本橋に一〇階建の自社ビルを建築し、HSBC東京支店やHSBCグループ各社の事務所を統合した。外銀多しといえども自社ビルを保有している外銀は他に見当たらない。

日本での銀行買収は?

HSBCグループは、一九五九年以来、世界各地で四〇件をこえる買収を行なってきた。しかしながら、日本ではいまだ買収の実績はない。一九九八年に経営破綻した日本長期信用銀行や東京相和銀行が外資に売却されたが、買い手はいずれも米国系の投資ファンドであった。

ＨＳＢＣに、邦銀買収計画はないのか。世界各地で積極的に買収を行ってきたＨＳＢＣが何故日本で買収をしないのだろうか。

今や本気でリテール（個人向け小口金融業務）の国際的展開を考えている金融機関は、ＨＳＢＣと米シティグループの二つしかないといわれる。しかし、シティバンクに比べてＨＳＢＣの日本での存在感は小さい。シティバンクは日本ですでに二三支店一一出張所を開設している（〇四年七月現在）。本格的なリテール展開のため邦銀買収はないのだろうか。

ＨＳＢＣホールディングスのジョン・ボンド会長は、新聞記者とのインタビューで「日本の大蔵省から〔邦銀〕買収話が来ているのでは」との質問に応えて、次のように語っている。

話は来ている。大蔵省ではなく（買収を仲介する）投資銀行からだが……。ただ、我々が興味を持つとしたら、高収益で株主を喜ばせられる案件だけで、現在、日本では見いだせない。我々は年二割の利回りを求める投資家を相手にしているが、邦銀の経営者が相手にしているのは年五％の利回りで満足する投資家だ。日本でのリテール業務に興味はあるが、あくまで収益性が高い場合だけだ。

（「ジョン・ボンド会長に聞く」『日本経済新聞』一九九九年七月一九日付より）

日本における銀行業務の収益率はそれほど低いのだろうか。旧長銀を買収したリップルウッド・ホールディングは膨大な利益をあげたといわれる。しかし、この利益の源泉は商業銀行業務というよりは、投資銀行業務に属する。ＨＳＢＣグループは、やはり商業銀行業務を主体とする健全銀行主義を堅持し、それゆえにこそ、創立以来一四〇年間もの長い間、破綻することなく、拡大を持続できた、ということができよう。とはいえ、金融サービスの世界は激動の真中にあり、ＨＳＢＣグループが対日戦略に関して、新しい方針を打ち出してきても不思議ではない。

参考文献

青野正道・北林雅志・赤石篤紀『金融サービス企業のグローバル戦略』中央経済社、二〇〇五年。

石井寛治「イギリス植民地銀行群の再編」(『経済学論集』第四五巻第一号)一九七九年四月。

HSBC『HSBCグループ・歴史と概要』一九九五年一月、二〇〇〇年五月。

北林雅志「香港上海銀行の設立とその初期活動」(『商学論纂』第二三巻第三号)一九八一年九月。

佐上武弘「南蛮銀行渡来記」(『ファイナンス』第一〇巻第三―五号)一九七四年四―八月。

柴田善雅「日本軍政期香港における通貨金融政策の展開」(『日本植民地研究』第一号)一九八八年一一月。

立脇和夫「香港上海銀行の経営戦略(上・下)」(『早稲田商学』第三七五号、三八七号)一九九七年一二月、二〇〇〇年一二月。

――『外国銀行と日本』蒼天社出版、二〇〇四年。

朝鮮銀行調査室『海外銀行一斑』一九二一年。

日本銀行調査局『現地にみた香港の通貨制度と為替金融市場』一九六〇年一二月。

――『香港の金融制度』一九六九年九月。

――『香港における貨幣、紙幣、銀行券の沿革大要』一九七七年一月。

Banking Almanac / Bankers Almanac, various issues.

Bankers, The, various issues.

Bankers Magazine, various issues.

Chambers, Gillian, *Han Sen* : *Evergrowing Bank*, Hongkong 1991.

Chronicle & Directory for China, Japan & the Philippines, The, various issues.

Collis, Maurice, *Wayfoong* : *The Hongkong and Shanghai Banking Corporation*, London and Hongkong, 1965.

Daviet, Jean-Pierre, and Michel Germain, *Credit Commercial de France*, Paris, 1994

Green, Edwin, and Sara Kinsey, *The Paradise Bank* ; *Mercantile Bank of India*, 1893-1984, Aldershot, 1999.

Holmes, A. R. and Edwin Green, *Midland : 150 years of Banking Business*, London, 1986.

HSBC Holdings plc, *The HSBC Group : A Brief History*, 2003

HSBC Holdings plc, *Annual Review, Report and Accounts*, various issues.

————, *HSBC Group Archives*, London.

Jones, Geoffrey, *The History of The British Bank of the Middle East*, Cambridge, 1986-87.

King, F. H., *The History of The Hongkong and Shanghai Banking Corporation*, Cambridge, 1987-91.

King, F. H. (ed), *Eastern Banking* ; *Essays in the History of the Hongkong and Shanghai Banking Corporation*, London, 1983.

Muirhead, Stuart, *Crisis Banking in the East, the History of the Chartered Mercantile Bank of India, London and China*, 1853-93, Aldershot, 1996.

North-China Herald, various issues.

【著者略歴】
立脇和夫（たてわき・かずお）
1935年　島根県出雲市にて出生
1959年　神戸大学経営学部卒、日本銀行、早稲田大学教授等を経て
2005年　経済評論家、経済学博士

HSBCの挑戦

2006年4月25日　初版第1刷発行

著　者　立脇和夫
発行所　上野教信
発行所　蒼天社出版（株式会社　蒼天社）
112-0011　東京都文京区千石4-33-18
電話 03-5977-8025　Fax 03-5977-8026
振替口座番号　00100-3-628586
印刷・製本所　株式会社厚徳社

ISBN 4-901916-19-X　Japan
万一，落丁・乱丁などがございましたらお取替えいたします。